广东省普通高校应用研究重大项目"媒体融合条件下广东省重点网络媒体战略转型研究(2016WZDXM034)"阶段性成果。

广东财经大学学术文库

重塑户外新时空

城市公共大屏场景论

吴雁 著

中国社会科学出版社

图书在版编目(CIP)数据

重塑户外新时空:城市公共大屏场景论/吴雁著. —北京:中国社会科学出版社,2019.6
 ISBN 978-7-5203-4963-5

Ⅰ.①重… Ⅱ.①吴… Ⅲ.①传播媒介—关系—城市建设—研究—中国 Ⅳ.①G206.2②TU984

中国版本图书馆 CIP 数据核字(2019)第 200303 号

出 版 人	赵剑英
责任编辑	陈肖静
责任校对	刘 娟
责任印制	戴 宽

出　　版	中国社会科学出版社
社　　址	北京鼓楼西大街甲 158 号
邮　　编	100720
网　　址	http://www.csspw.cn
发 行 部	010-84083685
门 市 部	010-84029450
经　　销	新华书店及其他书店
印　　刷	北京明恒达印务有限公司
装　　订	廊坊市广阳区广增装订厂
版　　次	2019 年 6 月第 1 版
印　　次	2019 年 6 月第 1 次印刷
开　　本	710×1000　1/16
印　　张	13.75
插　　页	2
字　　数	148 千字
定　　价	69.00 元

凡购买中国社会科学出版社图书,如有质量问题请与本社营销中心联系调换
电话:010-84083683
版权所有　侵权必究

目 录

序言 / 1

绪论 / 1

    第一节　缘起：非所见，非所不见 / 2

    第二节　城市公共大屏产生的时代背景 / 5

    第三节　城市公共大屏场景的理论解读 / 10

    第四节　相关文献研究综述 / 22

    第五节　研究意义、内容与方法 / 35

理论篇　城市公共大屏场景理论建构

第一章　城市公共大屏场景的内涵与阐释 / 47

    第一节　城市公共大屏的界定 / 48

    第二节　场景的概念 / 49

    第三节　城市公共大屏场景的内涵 / 54

目 录

第二章 城市公共大屏场景的历史流变 / 56

    第一节 城市公共大屏的萌芽:古代城市的风俗画卷 / 56

    第二节 城市公共大屏的形成:近代城市的都市霓虹 / 59

    第三节 城市公共大屏的成熟:现代城市的电子奇观 / 61

    第四节 城市公共大屏的发展:后现代虚拟现实场景 / 63

第三章 城市公共大屏场景的基本特征与功能 / 66

    第一节 城市公共大屏场景的基本特征 / 66

    第二节 城市公共大屏场景的功能阐释 / 74

第四章 城市公共大屏场景的美学特征与价值 / 83

    第一节 城市公共大屏场景的美学空间 / 83

    第二节 城市公共大屏场景的美学特征 / 90

    第三节 城市公共大屏场景的美学价值 / 99

运用篇 城市公共大屏场景实践运用

第五章 城市公共大屏场景的设计理念与内容 / 107

    第一节 城市公共大屏场景的设计理念 / 108

    第二节 城市公共大屏场景的设计内容 / 120

第六章 城市公共大屏场景的传播与效果评价 / 128

    第一节 城市公共大屏场景传播的特征 / 129

    第二节 城市公共大屏场景传播的途径 / 139

第三节　城市公共大屏场景的效果评价 / 143

第七章　城市公共大屏场景本土案例及其策略 / 150
　　第一节　研究背景及对象 / 150
　　第二节　研究设计和方法 / 157
　　第三节　研究发现 / 182
　　第四节　城市公共大屏场景策略与建议 / 183

结语　重塑户外新时空
　　　　——关于城市公共大屏场景的想象 / 186

参考文献 / 191

致谢 / 204

序　言

胡智锋

　　吴雁博士的著作即将问世。首先，作为她的博士生导师，要向这部著作的出版表示热烈的祝贺。吴雁的这部著作是在她的博士论文基础上整理完成的，以城市大屏幕作为研究论题，并以专著的形式出版，这或许是该领域比较少有的代表性著作。这不仅是对于吴雁本人，而且对于整个传媒艺术领域都具有重要的开拓意义。

　　城市大屏幕的研究是一个跨学科的领域，之所以选择这个题目，主要是出于多个维度的考量。客观地说，城市大屏的存在已经成为世界各国一些重要的城市和生活区域的标志性载体。城市大屏不仅扮靓着都市，创造着人类生活的新景观，而且寄予着当代人类文明和文化创造的诸多崭新的成就和内涵。城市大屏是人类创造的城市新空间，在这个空间展开着现实与超现实的体验与想象。它连接着政治、社会、文化；它寄予着情感、想象与审美。因此，城市大屏绝非单一的一个屏幕，而是衍生着人类身体

序言

和情感、现实利益诉求和超越现实的种种想象的一个结合。对于城市大屏的研究，此前尽管也有相关的理论和学科有所触及，但是作为一个独立的研究对象，完整系统的予以探究，这部著作应当是具有相当前瞻性。从这点来看，这部著作的出版，无论是对于相关经济、文化、社会、审美的研究；还是对于当代社会生活、景观以及情感、心理等诸多元素的探究和满足，都正当其时。尤其在当代社会生活向都市化、城镇化迈进过程中，城市大屏的是与非、肯定与否定、现实与未来，都带有不确定性因素，同时也都有着巨大的可能性，对它展开的深入研究，无疑是有重要的学术价值和现实意义。

从2011年起，我开始招收传媒艺术学的博士生，吴雁就是第二批传媒艺术学博士生。作为最早的传媒艺术学年轻的学者，准确地说，我们不是在已经现成的理论框架中自然延伸的，而是在一起创建这个学科。在此之前，并没有现成的相关理论的沉淀。因此，当吴雁进入我的门下开始做传媒艺术的研究时，我们不再是简单的传受关系，而是共建合作的关系，大家需要在新的空间里做更多新的探索，而不是找现成的材料去做相对简单的一个延伸。这自然就带来了巨大的压力。尤其吴雁来自南方，家在广州，且一边工作一边研究就更加困难。

在城市大屏这个题目确定之前，我跟吴雁有过多次的交流和沟通，之所以最终确定这个题目，首先是基于传媒艺术学科自身建构的需要。因为在我们初步确定的传媒艺术学的研究框架中，从摄影、电影到广播电视、数字媒体艺术，基本上都是沿着视觉体系或者听觉体系来延伸的。从照相机、摄影机、摄像机再到电脑屏幕，我们发现基本上是一个屏幕的延展进程。这至少从表象上，找到了传媒艺术发展的轨迹和逻辑。但是在大家所熟知的屏幕后面，有一种屏确实存在着但却常常被忽略，这就是分布在城市中心或者城市繁华地段的那些大屏幕。它们有的位于城市商业中心，有的位于城市政治中心，有的位于城市文化中心，有的处于车站、机场或标志性社区的公共场所，而正是这些大屏构成了当代人们生活的不可或缺的存在。城市大屏是否仅仅只是一种生活的展示景观，它有没有可能纳入到我们传媒艺术的研究视野当中，这是我们考量的首要的问题。城市大屏与传统经典的屏幕相比的确有它的共性，这就是屏幕载体。但同时又有它的特殊性，这就是它放置的场所和环境不是传统意义上的家庭或者公共教育和艺术表演的场所，而是人们聚居的日常生活空间，这些空间常常又跟商业、交通等等功能相连接。在这些凸显着重要的经济、政治和社交功能的城市大屏幕背后有没有传媒艺术的元素，自然是一个特别值得探究的命题。而在已有的相关研究中，毫无疑问是欠缺的。如果能够把城市大屏这种普遍存在而且不断地拓展却又被大家熟视无睹的领域纳入到传媒艺术的视野中进行研究，不论是对于城市大屏本身，还是对于我们亟须夯实的传媒艺术学科，都是意义非凡的。因此，很快我们就确定了这个题目，吴雁也着手开始了她较为艰辛的研究历程。

起初，我们对城市大屏的研究视野相当开阔，从政治、社会再到经济、文化乃至艺术本身，方方面面都有关注和触及。但随着研究的深入，吴雁也深深地感受到过度开放的一个维度和视野，是她在短时间内无法驾驭和掌控的，于是我们慢慢地又将视

序言

野从多个维度逐渐压缩到审美的维度，这使得传媒艺术所需要的当代审美，有更多可资依托更加聚焦的领域。沿着这样的思路，吴雁又开启了城市大屏独特的审美功能探讨这样一个新的命题。在起初的文献梳理和初步的理论构架中，吴雁差不多一年的时间是在思索徘徊中，我发现了她的问题所在，那就是从概念到概念，从逻辑到逻辑，这样的推演越来越难以持续和深入。我不断地看到她焦虑和焦灼的状态。如果只从概念逻辑出发，是无法解决这个问题的。于是我就紧急叫停，让她从不断重复的文献整理和框架推演中解脱出来，给她下达了一个新的任务，那就是让她到能够到达的城市，对有代表性的大屏幕做实地的考察，而且每个屏幕不少于两天的观察。如考察这些大屏幕从开始到结束呈现了哪些内容？这些内容后面的生产和传播机制是怎样的？大屏幕背后的操纵者、影响者又是哪些？城市大屏幕与城市之间有哪些深层次的勾连和关联，这些我都要求吴雁做出实地的考察与分析。于是，吴雁就将关注点集中聚焦在北京，上海，广州等若干块城市大屏。通过一个一个具体的现场观察和一系列深入的调研，使她对城市大屏的前世今生，有了切实的精准的且有血有肉的把握。基于这样的积累，吴雁提出了城市大屏若干新的命题。这些命题恰恰不是已有的理论可以去解读的，而这正是她研究新的突破的一个关键点。在这样的基础上，再去重新寻找古今中外的理论学说，再去重新梳理城市大屏已有的研究框架，吴雁的思路也越来越清晰，她的写状态逐渐由焦虑转化成一种激情状态。但是，在此期间，吴雁手臂不小心遭遇了严重的骨折，正是在论文写作的关键时刻遭受皮肉之苦，她的写作速度也受到了很大影响。在完成论文的焦虑、痛苦和身心双重折磨中，吴雁经受着有史以来她个人经历中非常煎熬的一段岁月。这个期间，我让独自远离家乡、远离家庭、远离亲友，在中传博士生宿舍里孤独写作的吴雁，跟周边的老师和同门师兄姐弟们多作交流和沟通。在这种亲人般的老师和同学们之间的相互交流切磋中，一方面给她的论文写作带来灵感启示，另一方面也给她的病痛予以一些抚慰。就这样经过了数月的艰苦冲刺，这篇博士论文终于如期圆满完成，得到了各方专家的一致认可与肯定。我想这不仅是吴雁个人求学治学生涯中的一个标志性时刻，也是传媒艺术学科发展当中非常值得书写的一页，我为此感到无比欣慰。

吴雁博士毕业后在广东财经大学任职。我越来越感觉到，她在理论学术的探索和艺术实践的双重积累中思路越来越清晰，成绩越来越突出。这期间，她沿着博士论文已有的积累，又对城市大屏在理论和实践的双重拓展上做了新的积累。经过了几年的打磨，终于将这部自成体系，创新迭出的著作圆满完工。再次，我真心地向吴雁道一声祝贺，说一声辛苦，也为她坚韧不拔的探索感到欣喜和骄傲。

这部著作的出版，对于吴雁，对于传媒艺术学科都是值得记忆的一个重要标志，当然从更远的未来来看，这或许还是万里长征开启的第一步，衷心祝愿吴雁在这样扎实的研究基础上，拥有更好的学术发展的未来。

胡智锋：中国传媒学术领域第一位教育部"长江学者"特聘

序言

教授，中国广播电视艺术学学科创始人之一，中国电视美学研究主要奠基人，中国电视传播艺术研究创建人，中国著名电视节目策划人。现任北京师范大学艺术与传媒学院院长、教授、博士生导师。

绪　　论

　　"镜子发挥的是乌托邦的功能；它使我在镜子里看到我自己那一刻所占有的地方立即变得绝对真实，与包围该地方的整个空间连在一起，同时又变得绝对不真实，因为要被看到就必须越过在那里的这个虚点。"

——福柯《不同空间的正文与上下文》

　　1986年福柯在去世前不久发表的《不同空间的正文与上下文》一文揭开了这部《重塑新时空——城市公共大屏场景论》著作的序幕。它隐喻诞生于新媒体时代的城市公共大屏"一方面以幻想空间的形式揭示所有真实空间更加幻觉的特征，另一方面，又以一种完美的、仔细安排的真实空间的形式以显示我们所处的空间"①。城市公共大屏作为一种高度艺术化、技术化的大尺寸动

---

① ［法］米歇尔·福柯：《不同空间的正文与上下文》，陈志梧译，载包亚明主编《后现代性与地理学的政治》，上海教育出版社2001年版，第22页。

绪　论

态显示装置，既是真实存在于城市上空的一道优美的风景线，又是一个"没有真实地点"却深入人心的虚幻空间。它既是真实的又是想象的；既是客观的又是隐喻的；既是城市的媒介又是它的产物。它可以作为经验来描绘又可作为理论研究的对象，并启发我们如何去思考诸如城市、媒介、场景、空间体验等一系列相关的问题。诚如海德格尔在《筑·居·思》中所表达的主题：居住和建筑互为目的和手段，我们通过建筑来实现生存，生存实际上就是如何建筑。这是一个崭新的课题，是一次愉快而有意义的探究之旅……

第一节　缘起：非所见，非所不见

随着媒介技术突飞猛进式的发展，城市公共大屏作为一种全新的媒介传播方式，凭借其精彩纷呈的表现力，以及大屏特有的媒体"印象力"，成为都市"场景"最有力的代表。鲍曼曾形象的描述："大就是美，大就是理性，大代表力量，雄心和勇气……"[①] 城市公共大屏独特的传播形态为城市生活注入了新鲜的体验。它能够最大限度发挥影像互动装置的功能和价值，激发集体观看和交往的行为，将城市体验融入公共空间，从而传递出城市的思想、情感和个性。城市公共大屏如今作为城市日常生活

---

① [英]齐格蒙特·鲍曼：《个体化社会》，范祥涛译，上海三联书店2002年版，第8页。

场景的一部分，更为我们建构了一个充满活力、人人可以分享和参与的城市公共空间。它是公共精神的传递者，是公共文化的缔造者，塑造了当代城市极为稀缺的公共传播环境。

然而，这一极为宝贵的城市资源在现实生活中却鲜少被关注。城市中鳞次栉比的大屏更多时候只是被当作"僵死的、刻板的、非辩证的、静止的"东西，而被边缘化为城市背景、容器、舞台、环境。人们从它身边匆匆地走过，即便偶尔抬头张望一下，也大多熟视无睹，漫不经心。城市公共大屏就像一个装扮美丽的花瓶，缺少精心呵护的使者。

在西方，许多发达国家的城市公共大屏却已经蔚然成为人们记忆中最为深刻的城市景观。自从世界上第一块商用电子大屏幕于1978年出现在纽约时代广场，如今这座城市的城市大屏俨然已作为这座城市最醒目的符号象征。纽约市区域规划部门特别立法保护这一标志性的城市景观。一个专门的公共组织"艺术时代广场"（Art Times Square）也致力于"赞美和弘扬时代广场的多样性，巩固该地区的历史特色，打造时代广场的独特价值[①]"。

在我国，自从2000年上海地铁站率先安装了户外LED显示屏，随后其他一线城市也开始纷纷投入使用这种大屏媒体，大量的社会资本和传媒资本涌入这一行业，如"郁金香传媒"、"凤凰都市传媒""分众传媒"、航美传媒等颇具影响力的户外传媒机构。这使得城市公共大屏一夜之间成为都市传媒产业中的一匹黑马。北京、上海、广州这些业内公认的超大户外屏一级城市，更

---

① 参见［德］MirjamStruppek创立的互动空间网站http：//www.intera。

绪论

是通过拥有城市公共大屏的数量来彰显城市的繁华和魅力。例如，北京有代表性的城市公共大屏有：世贸天阶大屏、中汇广场大屏、东直门来福士大屏、王府井工美大厦大屏、双井富力广场大屏、东大桥春平广场大屏、西单大悦城大屏、盘古大观大屏、中华世纪坛大屏、奥林匹克公园中心广场大屏等；上海有代表性的城市公共大屏有：徐家汇美罗城、淮海中路永新百货、陆家嘴正大广场、上海外滩震旦大屏、浦东八佰伴中融大厦、南京路步行街、人民广场来福士广场、五角场百联又一城、南京西路静安寺百乐门等；广州有代表性的城市公共大屏有：花城广场、正佳广场、购书中心、珠江新城西塔、火车站、高德置地、颐高数码、北京路名盛、广百中怡、万菱汇、中石化大厦、红星美凯龙、南都办公楼等。

但是，从目前来看，城市公共大屏仍然只是体量上的增多，形式上的变化，眼花缭乱的大屏并未真正融进人们的生活视野，对城市居民的生活产生影响。而城市公共大屏作为构筑城市公共空间与社会交往的理想也远未实现。即便是在典型的现代化社会美国，人们也抱着这样的态度：广场是非美国的，美国人坐在广场上就会感到不适，他们本应在办公室里工作或在家里和家人一起看电视。

丹尼尔·戴扬和伊莱休·卡茨曾经用"媒体事件"（media event）来表达大众媒体的盛行进一步压缩城市公共空间的现象。他们将这种通过在家里观看电视的方式关注城市中的大事件，称为"电视仪式"或"节日电视"，甚至是"文化表演"。现代城市居民既缺乏公共生活的需求，也缺乏公共生活的体验，他们习惯了通过电视、手机、网络等媒介体验生活的方式来感知外界的变化，失去了与身边真实的他人交流的欲望。即使在公共场所，人们也习惯沉浸在手机屏幕中，这种虚拟交往的体验直接取代了城市公共空间的信息交换、社会交往中的真实体验。

从这个意义上而言，城市公共大屏作为城市公共生活一个真实开放的空间，使我们从"庙堂"走向了"广场"，从柏拉图寓意的"洞穴生存"走向了本雅明的"拱廊街计划"。人们可以从中感受到城市生活方式和文化的变迁，从而复归了现实交往的可能性。作为"人类实存的一种方式"，它迎合了即将到来的以人的体验和感知为目标的"场景时代"。从这个意义上而言，矗立在城市中的公共大屏，于我们，既非所见，也非所不见，是为缘起……

第二节 城市公共大屏产生的时代背景

城市公共大屏的出现绝非偶然，它是伴随着传媒艺术的发展与变迁，后工业社会从生产型转向服务型，体验经济取代产品经济等深层次的社会动力，产生的一种城市独特的创新性语言，是场景时代对人们的及时召唤。

一 媒介背景：传媒艺术场景的变迁

伴随着新技术的日新月异、媒体环境的复杂多元，人们越来越不满足于传统艺术高不可攀的门槛，而出现了集鲜明大众参与

绪 论

性、媒介性和科技性为一体的传媒艺术形态。摄影术的发明标志着传媒艺术时代的正式来临，它可以不加掩饰地显露现实中为人所忽视的一切真实细节，使人们获得一种真实场景的体验。随后，现代技术发展进入了一个突飞猛进的新阶段，传媒艺术从机械复制时代进入了电子时代。电影、广播、电视等电子时代的媒介，通过对真实场景的模仿复制，实现了感官领域的再一次实质性的飞跃，实现了对真实性的进一步逼近。机械电子时代的传播媒介是以"真实性场景"为追求，"技术复制把原作的摹本带到原作本身无法达到的境界"，这一时期的传媒艺术构成了人们获取真实感受和真实信息最为重要的媒介。

在经历了机械电子技术的发展后，传媒艺术迎来了互联网时代。1949年美国麻省理工学院第一台实时电子计算机 Whirlwind（"旋风"）计算机投入使用，从此开启了"数字化生存"方式。如果说，在媒介发展史上，摄影、电影、电视等传媒艺术一次又一次以其鲜活的形象，使人类置身于"真实性场景"的体验，那么互联网媒体的崛起，则将人类带入了一个完全不同的"虚拟社会场景"，人类身体对于环境空间的感受通过虚拟体验得以释放。但同时，虚拟社会的场景始终只能通过互联网终端进行交流，终端之外则无法参与其中。这种虚拟体验引发了现实社会的诸多问题，在信息技术飞速发展的语境下，将有更新的传媒艺术形式出现，将人类带入更为全新的媒介体验。

如果说，机械电子时代的传媒艺术是对真实场景的"模仿"，虚拟的互联网传媒艺术是对真实场景的"模拟"，那么，近些年虚拟现实媒介的出现，则给人们带来了一种比"真实更为真实"

的场景体验,它是对真实场景的颠覆性创造。"虚拟真实"媒介意味着通过一种媒介和科技的融合的手段,将哲学意义上不存在的真实事物,显现为人们在现实中可以感受到的事物,从而构成了"真实世界的一个映像"(a image of real world)。它并不是简单意义上的多种媒介技术的融合,而是"运用数字技术、虚拟现实技术以拼合实在,形成可复制的无穷摹本,它不是源于真实,对真实进行艺术虚拟,在现实生活之外建构成另一种'真实'生活"。① 它将人的想象生活现实化,让受众在虚拟真实的世界中达到自我的建构和完善,并在此过程中获得一种沉浸式的深度体验。

城市公共大屏正是在传媒艺术的发展与变革基础上,诞生于20世纪中后期的一种全新的媒介体验方式。它是数字媒体艺术创造的数字空间,是虚实同一的混合空间,它使虚拟世界以真实世界作为参照,真实世界又通过虚拟世界得到精神的补充,是传媒艺术从真实场景到虚拟场景再到虚拟现实场景的最新前沿发展形态。在移动互联网信息技术飞速发展的语境下,当一切"人"和"物",将通过"场景"方便的连接起来,以人的需求为中心的场景感知时代已经来临,人们对媒介的使用在很大程度上与人的本能动机联系在了一起。从这个意义上来说,城市公共大屏帮助人类实现了身心扩展的愿景,满足了人们由媒介技术引发的更高级的感性需要,形成了传媒艺术发展的一条重要线索,也构成了本书研究城市公共大屏场景的历史与当代语境。

---

① 刘世文:《论新媒体艺术的"虚拟沉浸"审美》,《温州大学学报》(社会科学版)2014年第4期。

二　社会背景：后工业社会产物

"后工业社会"这个词大致是在20世纪六七十年代开始被使用。1959年，丹尼尔·贝尔在一次学术讨论会上使用了"后工业社会"一词。之后，"后现代社会"、"后资本主义社会"、"后大规模消费社会"等词语开始风靡学界。1973年，贝尔在《后工业社会的来临》一书中，第一次明确区分了"前工业社会""工业社会"以及"后工业社会"这三种人类历史发展的社会形态。如果说，前工业社会是以生活必需品的组织形态作为主要的社会形式；工业社会是以生产与劳动的组织形态作为更大的社会形式；那么，后工业社会的城市则是一种由服务型经济主导的各种消费实践所形成的社会形态。后工业社会不再是"人与自然界的竞争"或者是"人与机器之间的关系"，而表现为"人与人之间的竞争与关系"，体现为以人的需求为中心的主体地位。

正如贝尔所预测的那样，伴随着后工业社会大批制造业从城市中心撤离，城市形态开始由生产型向消费型转变，城市不再是作为一个物理空间而存在，而是作为一种能够提供舒适、便利的生活的场景而存在。而城市公共大屏作为城市的休闲娱乐设施以及高新技术和公众服务的新媒体行业，构成了都市消费场景最典型的代表，它不仅是一种物质或精神层面的消费，同时更是象征层面的消费。人们通过城市公共大屏的消费景观，来彰显作为消费者的社会身份与地位，表达追求富贵、浪漫、时髦的消费个性，反映了人们在社会中的关系和社会心态。如鲍德里亚在《消费社会》里所说的:"消费者基本的、无意识的、自动的选择就是接受了一个特殊社会的生活风尚。"① 城市公共大屏体现了一种"流行的、短暂的、消费性的、年轻的、诙谐的、性感的、巧妙的、审美的、大众的和商业性的消费景观",构成了后工业社会经济增长和社会变迁的动力因素。

三 经济背景:体验经济的呼唤

美国著名未来学家阿尔文·托夫勒在《未来的冲击》一书中,提出了体验经济的概念。他认为人类社会在经历了"农业经济"、"产品经济"、"服务经济"之后,将迎来"体验经济"的浪潮。体验经济作为一种新的经济形态,已经深入城市生活的方方面面,它迎合了人们高层次的心理需求,深刻地影响着人们的消费观念,使人们的消费方式产生了显著变化,具有鲜明的场景时代特征。

过去,人们在产品经济时代是以产品为核心,生产者依靠开发产品提高产量和质量,消费者也都是围绕产品采取购买行为。随着产品的大量生产,买方经济开始产生,"服务经济"由此出现。企业为了提高核心竞争力,千方百计通过各种服务来争夺消费者。随着后工业社会的来临,体验经济作为一种新的经济模式,满足了人们日益变化的消费心理。伯恩德·施密特教授从战

---

① [法]鲍德里亚:《消费社会》,刘成富、全志钢译,南京大学出版社2006年版,第42页。

略角度提出了"体验营销"的概念。他认为，体验营销就是从消费者的感官、情感、思考、行动、关联五种战略体验模块出发，重新定义和设计营销，由此形成感官体验策略、情感体验策略、思考体验策略、行动体验策略、关联体验策略这五种体验营销策略。它反映了一种更高级的消费形态，是对目前正在经历的变化以及未来形势所做的一种"人性化"的描述。

城市公共大屏则充分发挥了体验营销的这种优势，通过良好的场景体验效果来实现这种营销。一般而言，一个好的场景一般应该具备以下元素：1. 具备诱惑力，能够唤起人们的现实感受；2. 具备协调性，能够通过空间、时间、事物的配合，来实现消费者对现实的感受；3. 具备强化性，通过反复强调，来增强消费者的现实感受；4. 目的性，通过好的主题达到体验的目的。城市公共大屏天然具备这些夺人眼球的场景功能，重新唤起了城市空间对人的诱惑，满足了受众求新求变的心理需求和快节奏的生活形态，从而突破了人们对于传统场景模式的想象，成为全媒体时代最具场景体验优势的传播媒介，极大地满足了体验经济的发展需要。

第三节　城市公共大屏场景的理论解读

"场景"是一个古老而又新颖的概念，它既可以追溯到古典时期人们对感性最初的认识和理论探索，又可以预示后工业社会的前景与未来。不论从场景时代的理论背景，或是社会发展动力来看，场景的本质内涵与特征都体现为：场景是一种综合了人、社会、环境、心理、行为等多种因素共同建构而成的文化现象，它以满足人的欲望为驱动力；以丰富人的内在需求为目标；以创造人的生命体验为价值，它使"一切属人的感觉和特性"获得了"彻底解放"①，从而创造了具有丰富而深刻的感受力的人，构成了人类自然存在和社会存在的条件。

一　感性学理论

场景研究离不开感性学。"场景"其实就是对人自身存在的直接感知，它不仅体现为人与外部世界关系，而且根源于人的感性需要。"感性学"则是一门专门探讨人类感性生存方式的理论学科，研究源头可以追溯至古希腊哲学。

古希腊哲学家伊壁鸠鲁认为"一切感官都是真理的报道者"。亚里士多德作为希腊哲学思想集大成者，同样视感觉为生存的必要手段。他把感觉分为特殊感觉和共同感觉两大类，前者指视觉、听觉、味觉、触觉、嗅觉五种感官类型；后者指感觉的自我意识和普遍意识。亚里士多德的这种观念一直影响到欧洲近代哲学。法国近代哲学笛卡儿把感觉（sensation）分为两类：一类是外感觉，包括视觉、听觉、嗅觉、味觉和触觉；另一类是内感觉，包括欲求和情绪等，并在此基础上他提出了"身心交感"理论。英国哲学家洛克认为，人的经验可分为外部经验和内部经验这两种，前者是由感官而产生的，即感觉；后者是由心灵产生

---

① 马克思：《1844年经济学哲学手稿》，人民出版社2008年版，第88页。

的，即反省。法国启蒙思想家狄德罗也认识到感觉是我们一切知识的来源。

鲍姆嘉通最先将"感性学"作为一门独立的学科来研究。他明确指出，"理性事物应该凭高级认识能力作为逻辑学的对象去认识，而感性事物（应该凭低级认识能力去认识）则属于知觉的科学，或感性学"。[①] 鲍姆嘉通认为，感性（Aesthetic）的含义要比感觉（sensibility）的含义丰富得多，感性除了感觉之外，还包括了感受力、创造力和趣味性等审美的因素。鲍姆嘉通使感性（美）学在理性的逻辑上得到确认。

费尔巴哈从哲学认识论的高度，指出感性是整个人类认识的基础和出发点。他认为："一切对象都可以通过感觉而认识，……由此可见，经验论认为我们的观念起源于感觉是完全正确的，只是经验论忘了人的最主要，最基本的感觉对象乃是人本身。"[②] 费尔巴哈坚持感性经验的真实性和科学性，对马克思的感性学理论产生了极大的影响。

马克思从"感性活动"出发，将"感性世界"的"现实性"作为全部哲学的出发点。在马克思看来，"人同世界的任何一种人的感觉——视觉、听觉、嗅觉、味觉、触觉、思维、直观、感觉、愿望、活动、爱、总之，他的个体的一切器官，……通过自己的对象性关系，即通过自己同对象的关系而占有对象"。[③] 马克

[①] ［德］鲍姆嘉通：《美学》，简明译，文化艺术出版社1987年版，第13页。
[②] ［德］费尔巴哈：《费尔巴哈哲学著作选集》（上），商务印书馆1984年版，第173页。
[③] 马克思：《1844年经济学哲学手稿》，人民出版社2008年版，第85页。

思认为，人的本质力量就是人的现实存在，就是对人的感性活动方式和内容的显现。人的现实的活动只有通过"感性意识"的显现才构成审美活动。因此，马克思将美的本质也规定为，美是人的本质力量的感性显现，对美的研究其实是对人的"感性意识活动过程的研究"。这一点使得审美活动与其他类型的活动区别开来。

由此可见，"感性学"实际上是关于人的现实生存的哲学。而"场景"的意义就在于它是一种同现实环境相关联的当下体验。它作为人的感性体验，是对于人自身存在境遇的感知和体会，反映着人与这个现实世界的关系，表现着主体的感知状态，它不仅构成了人活动的客观环境，而且满足了人的感性需要，从而使人的本质力量得到感性显现。

二 场景理论

场景理论与空间理论关系密切。西方学者一直致力于城市空间的研究，并从空间的自然属性和社会属性展开了分析与讨论。前者如芝加哥学派的生态区位理论、同心圆理论、扇形理论；后者如法国思想家列斐伏尔的社会空间理论、福柯的权力空间、爱德华·W.索亚的第三空间以及詹姆逊的后现代文化空间等。进入21世纪，以芝加哥大学终身教授特里·克拉克（Terry Clark）为代表的研究团队正式提出了城市研究新范式"场景理论"。

场景理论把对城市空间的研究拓展到区位文化的消费实践层面。通过对纽约、洛杉矶、芝加哥、巴黎、东京和首尔等国

绪 论

际大都市的研究发现，都市娱乐休闲设施组成了不同的都市场景，这些场景蕴含着特定的文化价值取向，吸引着不同的群体前来进行文化消费实践，从而推动了区域经济社会的发展。由此提出一个新的理论命题：文化与都市设施作为一种场景对城市发展产生的影响。他们的研究主要集中在现代都市生活中的消费、便利设施和艺术环境，尤其是艺术和消费实践对城市发展的影响。

该理论认为，场景是由各种消费实践所形成的具有符号意义的空间。它包括5个要素：（1）邻里（Neighborhood），社区；（2）物质结构（Physical structures），城市基础设施；（3）多样性人群，比如种族、阶级、性别和教育情况等（Persons labeled by race, class, gender, education, etc.）；（4）前三个元素以及活动的组合（The specific combinations of these and activities）；（5）场景中所孕育的价值（Legitimacy, Theatricality and Authenticity）。① 这些组合不仅蕴含了实用功能，也传递着文化和价值观，并形成抽象的符号感和信息传递给不同的人群。因此，这里"场景概念已经超越了生活娱乐设施集合的物化概念，是作为文化与价值观的外化符号而影响个体行为的社会事实"。②

场景理论认为，场景是体现为一定区域内蕴涵特定价值观的都市设施组合，只要我们能够完全理解特定空间里的消费设施蕴含着特定品位和价值，那么，我们对场景的辨认和测量就成为可

---

① Clark, Terry, *The Theory of Scenes*, Chicago: University of Chicago Press, 2013.
② 吴军：《城市社会学研究前沿：场景理论述评》，《社会学评论》2014年第2期。

能，并认为可以从这三方面来辨认：（1）个体自我呈现的方式；（2）同一性所产生的乐趣；（3）符合信仰和道德所带来的快乐。第一，个体自我呈现的方式是指个体努力创造在别人眼中属于自己的形象，即戏剧性（Theatricality）。戏剧性涉及"美"的价值内涵。第二，同一性所产生的乐趣是指真实自我与本地风格是否具有同一性，排斥或接受，否定还是赞扬，即真实性（Authenticity）。真实性涉及"真"的价值内涵；第三，符合信仰和道德所带来的快乐是指当局对个体评价做出错或对的裁决，即合法性（Legitimacy）。合法性涉及"善"的价值内涵。戏剧性、合法性和真实性构成了我们理解"各种都市设施混合体所形成的具有价值取向的场景"的三个维度。这三个维度为场景理论提供了一个价值判断的基本框架。

场景理论从"空间"的物理观念，到"场景"的概念内涵，再到由真实性、合法性和戏剧性所蕴含的价值取向，最终导向一种从消费者视角出发来审视个体生活的世界。它以消费为基础；以便利性和舒适性为前提；把空间看作汇集各种消费符号的文化价值混合体，为人类认识城市形态提供了新的视角。

三　场域理论

场域理论是由当代著名社会学家皮埃尔·布迪厄（Pierre Bourdieu）在20世纪90年代提出。"场域"不仅是布迪厄实践社会学中一个非常重要的概念，也是布迪厄从事社会研究的基本分析单位。布迪厄认为："一个场域可以定义为在各种位置之间存

绪论

在的客观关系的一个网络，或者一个构型。"[1] 社会由一系列具有相对自主性的场域构成，如政治场域、经济场域、艺术场域、学术场域等。这些既相互独立又互相联系的"子场域"构成了社会这个"大场域"。在布迪厄看来，场域内的关系并不由任何先验的逻辑决定，而是各种力量博弈的结果。他强调场域的逻辑是社会活动的参与者以具体的思想和行动通过博弈而建构出来的，同时，这种建构活动又受到客观的、既定的、超个体因素的制约。布迪厄用来衡量这些制约因素的重要指标是资本，而这种资本与经济学家所用的资本概念有所不同，它不仅是场域活动竞争的目标，同时也是用以竞争的手段。他将资本分为经济资本（财富）、社会资本（人际网络）、文化资本（知识、学历）和象征资本（社会授权）四类。这些资本是客观存在的，由场域之中的力量博弈决定，是一种铭写在客体或主体结构中的力量[2]，同时又是一种积累的劳动。

在布迪厄的实践社会学中，客观性的场域和主观性的惯习互为影响："一方面，这是种制约（conditioning）关系，场域形塑着惯习，惯习成了某个场域（或一系列彼此交织的场域，它们彼此交融或离异的程度，正是惯习的内在分离甚至土崩瓦解的根源）固有的必然属性体现在身体上的产物。另一方面，这又是种知识的关系，或者说是认知建构的关系。惯习有助于把场域建构成一个充满意义的世界，一个被赋予了感觉和价值，值得你去投

---

[1] [法]皮埃尔·布迪厄、华康德：《实践与反思——反思社会学导论》，中央编译出版社1998年版，第142页。
[2] 王岳川：《布迪厄的文化理论透视》，《教学与研究》1998年第2期。

入、去尽力的世界"。① 在布迪厄看来,场域作为一个具有相对独立性的领域,是沟通宏观社会与微观社会的中介。场域不是一个具体存在的实体,而是一种抽象的社会空间,是一个由各种具体存在的社会关系交织而成的客观空间,从而构成了一个完整的社会结构。个体只有从场域出发才能把握其在社会结构中的准确位置,也才能理解各种行动、策略和惯习。

布尔迪厄的场域理论以关系和联结的思维为出发点,以结构主义的发生和实践与反思为主要方法,以资本、惯习和性情为理论核心概念和主要分析工具,建构了一种复杂精细的理论模式和研究范式,为社会学研究提供了一个全面而有力的分析模式。

四 媒介情境论

20世纪80年代中期,美国传播学家约书亚·梅罗维茨在《消失的地域:电子媒介对社会的影响》一书中,提出了"媒介情境理论"。梅罗维茨的媒介情境理论以"新媒介—新场景—新行为"为分析的逻辑框架。他在批判地继承戈夫曼的社会场景论和麦克卢汉的媒介理论基础上,提出了自己对媒介场景的理解。他认为,"社会场景是社会环境,或者'上下文',其中对某些类型的行为有社会预期,并且在其中展示这些行为。它

---

① [法]皮埃尔·布迪厄、华康德:《实践与反思——反思社会学导论》,中央编译出版社1998年版,第172页。

绪论

们是由我们扮演和观看社会角色综合决定并常常是难以琢磨的场合"。① 梅罗维茨认为，戈夫曼借用戏剧论的表演来描述社会场景，把人在某个环境中的行为分为"前区"或"后区"，并以这样的场景规定我们行动，突出角色扮演的重要作用。这种研究视角虽然关注了某个社会的场景和场景行为，但是侧重于面对面的交往，忽略了角色和社会秩序的变化。麦克卢汉虽然承认电子媒介对社会场景的变化产生的重大影响，但是无法解释媒介塑造特定社会场景或日常社会行为的方式。

从场景的概念出发，梅罗维茨指出："媒介的演化通过改变我们收发社会信息的方式重塑了社会地点与物质地点的关系，这就改变了社会秩序的逻辑。"② 他认为，过去一个地点确定一个独立的场景，不同的人处于不同的社会场景，这导致了社会场景之间的隔离。电子媒介的出现突破了这一界限，将许多不同类型的人带到相同的"地方"，通过改变社会成员所接触的场景，从而改变人们对社会角色的认识。因此，社会角色只能在社会场景中理解。梅罗维茨更多的关注新媒体的优势，认为电子媒介可以改变有形地点与信息获取之间的关系，融合后的信息环境为社会行为创造了新的媒介场景，从而为我们解释电子媒介场景对社会行为的影响提供了有力的理论依据。

通过对上述与场景有关的理论的分析与阐释，我们可以将这些理论的分析框架嵌入对城市公共大屏场景理论的建构当中进行

---

① ［美］约书亚·梅罗维茨：《消失的地域：电子媒介对社会行为的影响》，肖志军译，清华大学出版社2002年版，第291页。
② 同上书，第269页。

研究，形成以感性学理论为出发点；以场景理论作为支撑，以场域理论为框架，以媒介情境理论为参照的关于城市公共大屏场景的系统理论，从而为当下的城市公共大屏研究提供一些新的基础性的理论架构与理论视角。

第一，以感性学理论视角解读城市公共大屏场景。

城市公共大屏的场景体验，其实就是一种跟现实相关联的感知体验。它作为人的感性体验，是对于人自身存在境遇的感知和体会，表现着主体的感知状态，使人们获得感性认识。它是主体对当下自身所处场景的一种体认，即基于人的生理官能"感性"作为"人的全部生存的确证"。这种"感觉本能"是人与世界建立连接的一个纽带。因此，从感性认识的这一层面上看，城市公共大屏场景首先充分满足了人们的这种"感觉的实践器官"的需要，建立起了针对观众的感性认识，提供各种感觉来创造感官体验，通过更多的感官刺激让受众感受到愉快、兴奋与美感。用感性认识感触着世界，体验着生存。城市公共大屏作为一种具体而现实的感性方式，追求的正是一个感性的、生动的、丰富的、鲜活的感性世界。它向我们展现了一个充满想象力和无限可能的感性世界，从而创造出一种自由的、全面的、超越的审美理想世界。

第二，以场景理论视角解读城市公共大屏场景。

城市公共大屏场景作为城市消费实践所形成的具有符号意义的场景空间，与场景理论的五大基本要素高度契合：1. 空间要素。城市公共大屏的空间要素主要是指大屏所在的城市公共空间，这构成了是城市公共大屏场景的核心要素。2. 物质要素。城市公共大屏的物质要素主要是指大屏幕硬件设施条件,这构成了城市公共大屏场景的前提要素。3. 人群要素。城市公共大屏的人群要素主要是指大屏的受众群体素质,这构成了城市公共大屏场景的主体要素。4. 组合要素。城市公共大屏的组合要素主要是指大屏的空间要素、物质要素和主体要素之间的组合方式,这是城市公共大屏场景的实现要素。5. 价值要素。城市公共大屏的价值要素主要是指大屏蕴含的精神文化理念,这是城市公共大屏场景的根本要素。此外,城市公共大屏还体现了场景价值的三重维度,即真(日常的/实践的)、善(公共的/交往的)、美(审美的/想象),为人们提供了日常生活的真实空间、社会交往的公共空间以及都市体验的审美空间,为城市带来了一个诗意栖居的场所。

第三,以场域理论视角解读城市公共大屏场景。

布迪厄的场域理论为城市公共大屏幕的社会空间提供了一种新的范式和理论视野。在布迪厄看来,社会是由相互关联而各自独立的场域构成,城市公共大屏场域可以被理解为城市文化生产的一个亚场域,与其他场域一样,是由不同位置形成的开放性的关系网络。城市公共大屏幕所在的公共领域是一种参与社会话语场域的公共空间。按照布迪厄的理论,在这样一个场域中,经济、权力、知识和受众数量是资本,追求的目标是更优越的身份和更大的话语权。城市公共大屏作为一座城市经济、文化、艺术、政治的综合展示,一方面受到城市方方面面的影响,同时也影响了城市生活的方方面面,构成了一个复杂的社会场域,要对城市公共大屏幕的社会空间进行建构,就有必要了解其所属的社会场域的逻辑，同时弄清楚它所处的话语场域处于什么样的位置，因此采取何种独特的话语策略，建构了什么样的身份，最终获得什么样的利益。场域理论为更客观地分析城市公共大屏的公共身份建构提供了有力的视角。

第四，以媒介情境论视角解读城市场景。

城市公共大屏场景作为一种电子媒介场景，同样可以将梅罗维茨的媒介情境理论引入城市公共大屏新媒体语境中来做具体分析。城市公共大屏不但可以把戈夫曼所说的社会化交往落到真实可感的生活场景中，为公众提供一个面对面聚集、观看、交往的有形地点；而且还可以借助社交媒体的平台实现与互联网的深层融合，以一种非物质形态的数据与信息文化的高科技形态，让传播实现节点之间的无缝衔接，体现梅罗维茨的电子媒介新场景。城市公共大屏具备城市公共空间的天然优势，有利于实现场景的社交化，从而营造一个开放真实的媒体环境。传统的社交场景局限于小范围的人际圈，移动互联网媒体又多限于虚拟空间交往。城市公共大屏作为一座城市公共交往的空间，是一个看得见、摸得着的实体空间，它可以充分利用自身的平台优势，与观众进行真实场景的互动，这样的真实接触是其他媒体做不到的。城市公共大屏因此可以改变人们在公共空间的交往模式，从而构筑都市公共交往的社会化场景。

绪论

第四节 相关文献研究综述

目前学术界关于城市公共大屏的研究，无论是国外还是国内都尚处于起步阶段，而与城市公共大屏场景相关的研究，更是失之阙如，寥寥可数。检阅这些数量相当有限的文献，往往散见或夹杂于对城市公共大屏的其他论述当中，尤为缺少将二者——城市公共大屏与场景有机勾连起来的系统研究。显然，目前国内外学术界还没有明确形成以城市公共大屏场景为主要研究对象的研究方向，这无疑是当今城市公共大屏理论和实践研究中的一个系统性缺失。为了对当下城市公共大屏和场景的既有研究文献做一个概貌式的钩沉，笔者尝试进行了一番细致的爬梳，从城市公共大屏以及场景的不同研究进路进行了梳理与概括。

一 城市公共大屏研究综述

总的来说，当前有关城市公共大屏的学术研究主要是从景观建筑、文化审美、商业广告以及产业发展等几方面来展开论述与探讨的。

（一）城市公共大屏景观建筑研究

国外关于这方面的研究开展较早。罗伯特·文丘里（1966）在《建筑的复杂性和矛盾性》一书中，强调城市的建筑表皮可以随意自由，城市建筑表皮与空间的融合，给人以极大的视觉震撼力，表皮在后现代建筑中起到了一种艺术性的历史表达作用。日本建筑学者卢原义信（1989）将建筑本来外观的形态称为建筑的"第一轮廓线"，而把建筑外墙凸出来的户外广告及招牌定为"第二轮廓线"。让·努维尔（1993）则认为，媒体表皮使建筑物本来清晰的外形轮廓消融到环境之中，建筑变成了"图像"。保罗·维瑞里奥（1998）将覆盖在高层建筑立面的城市大屏幕称为"电子哥特"（electronic gothic），并进一步描述了这种景观建筑的转变，称之为"瞬间的永恒"。米莉亚姆·史楚沛克（2005）指出，城市公共大屏是LED标牌、等离子屏幕、投影板、信息终端和智能建筑表皮等存在于城市空间中的各种动态数字的显示界面，其数码本质与连续性使这些播放平台在虚拟和真实公共空间的门槛上，成为实验性影像化区域。此外，2005年在阿姆斯特丹举办了第一届国际城市公共大屏幕研讨会，一些城市设计师和研究者们纷纷发表了有关大屏幕与建筑的主题演讲论文，如Lev Manovich的《城市介质表面的诗》、Christoph Kronhagel的《媒体外墙语境中的城市规模》、Prof. Peter Lavery的《集成建筑/城市设计的屏幕》、Dr. Linda Wallace的《建筑媒体空间》等，学者们进一步将城市公共大屏幕纳入景观建筑的学术研究范畴中。

在国内的相关研究中，赵中建（2004）基于对城市户外媒体的形态分析，从城市环境与城市景观的角度提出户外媒体景观的概念，分析了城市户外媒体景观的形态，城市空间中户外媒体景观的表现，发展趋势及景观建设的对策，并试图探究解决城市环境问题的具体方法和途径。张曦（2012）选取了武汉市的8处媒体立面作为研究对象。针对LED屏幕建筑媒体立面对室内空间使用者的负面影响、对城市交通安全的隐患、对城市能源的过度消耗等问题提出了改进措施和相应的策略。丁肇辰（2013）认为，今天的LED大屏幕是"超媒体外墙"的一种，它使不同建筑可能产生关联，相邻建筑之间在过去可能是毫无关系，但是现在透过彼此拥有的LED屏幕，可以产生具有连续性的显示内容。

（二）城市公共大屏文化审美研究

在国外的相关研究中，澳大利亚传播学者S. McQuire（2006）指出，屏幕和电子视觉内容广泛进入户外城市空间，成为当代城市主义最显著的趋势之一。L. Wallace（2003）认为，城市的未来将是一个"屏幕世界"（screenworld），而人们对这个屏幕世界存有不同的解读：有的人反对使用屏幕，也有人将屏幕当作刻画当代城市的符号；更有些人沉醉于屏幕本身，享受"城市里面覆满动态图像，闪烁的屏幕群创造了一种出世的、瞬时的视觉美学"状态。国际都市屏幕论坛发起者Mirjam Struppek（2006）则指出，城市公共大屏幕对于城市社会的均衡和可持续发展、公共空间的文化交流、经济发展、城市良好氛围的塑造等方面都扮演着积极重要的角色，并认为我们可以利用大屏幕来找回丢失的场所认同，重建城市的文脉。美国佐治亚大学Lisa Slawter（2009）认为，影像景观与理性精神不是完全悖谬的，在某种意义上，景观性可以推动强化公众的公共参与。景观与理性可以共同存在于公共屏幕的公共领域建构之中。

绪 论

此外，互联网文化研究杂志 *First Monday* 2006 年发布了"城市公共大屏幕"特刊，发表了《媒体上的城市公共空间的政治》、《城市画面：一个普遍的视觉文化开始》、《城市屏幕：迈向建筑和视听媒体的融合》、《解读城市屏幕》、《视频艺术和城市屏幕主导下城市画面》、《艺术和社会的城市品牌》等一系列论文，对于城市公共大屏幕的文化研究极具启发性。

在国内，一些学者近年来也开始关注城市公共大屏的社会文化功能。国内学者陆晔教授（2009）认为，以 LED 大屏为代表的户外电子媒介，不仅具有新技术昭示的广阔的市场前景，而且在都市公共空间可能产生的文化意义也异常深远。陈晓霁（2009）认为大屏幕能够改变人们在公共空间中的行为模式，将消极的城市空间转变为聚集、观看、交往的公共空间。通过新技术的运用和创意设计，在与使用者的互动中推动城市空间的形象向更加大众化和民主化的方向发展。苏状（2012）认为，户外公共大屏在公共空间的重构上体现了场景上的物质景观性、交往上的复归现实性以及文化上的重地域化和形象光晕性，通过物质公共空间、交往公共空间和文化公共空间的重构，户外公共大屏对于现代城市化乃至都市化进程中的创意性、公共性以及全球性建构都具有不可忽视的重要实践意义。沈佳敏（2012）从空间理论路径出发，通过案例分析、深度访谈、参与观察等质化研究方法，探讨了以大屏幕为代表的新媒介如何构筑大众传媒、日常生活空间及市民生活的新型关系，新媒介平台如何建构新的文化共同体以及如何为话语表达提供更多的机会等问题。金媛（2013）认为，LED 显示屏在当下的城市图景中拥有重要的象征意涵，作为后现

绪　论

代城市商业图景的一部分，传递着消费文化。陈娟（2013）认为，新媒体环境为我们创造了无处不在的影像传播空间，公共场所的影像将社会焦点、公共精神和城市发展形象有机地结合在一起，旨在建立起人群互动和场地互动，是展现当今城市精神风貌的有效平台。徐国源、韩素梅（2014）认为，城市中心的LED如同电视文化对人们的影响，不再交流思想，而是交流图像。而图像与城市标志性建筑的互相依存又构成一种话语关系的互文，组成一种新的城市空间与资本的权力地图。笔者（2015）认为，城市大屏幕凭借其大尺度、大规模的空间制造，成为都市力量的标识。它是由屏幕延伸的物质空间、公共交往的社会空间以及审美想象的精神空间共同构成的一个多重视阈的空间，是信息城市的一个微观缩影。

（三）城市公共大屏商业广告研究

国内学者对城市公共大屏的商业广告研究论述较多。针对城市公共大屏的商业广告层面展开的思辨性研究有：赵蔚（2006）研究了适应于户外媒体广告的设计原则，论证了创新是户外媒体广告的根本，空间对于户外广告存在着相互影响依存的辩证关系，"少而精"的设计原则更适宜现今的都市需求。谢秋莎（2006）深入阐述了消费文化影响下户外广告视觉形态所呈现的特点，为更新户外广告视觉形态创意设计的理念提供了新的思路。王萍（2010）认为，高科技新技术在户外的不断应用，丰富了户外广告的表现手段。户外广告在形式上不断突破，使传播与受众有所互动，形成了对等的交流机会，并使受众能够在传播过程中掌握选择信息的主动权。

邵建飞，杨扬（2011）讨论了城市大屏幕在帮助城市建立更好的城市形象的同时，如何帮助企业做到更好的广告营销，从而吸引巨额的商业利润以及如何与城市发展规划相协调。李宏（2012）对户外新媒体广告的审美性进行了研究，并就户外新媒体广告中的应用元素如影像、互动、游戏、技术、载体等方面，从艺术审美的角度进行了较为系统的分析和论述。渝淇铭（2013）将新媒体的概念划定为以 LED 和 LCD 为代表的视屏媒体，并探讨了传统户外广告在新媒体环境中如何通过视觉的创新来获得新生。张晓斐（2014）针对户外 LED 广告的定价体系主要是沿用传统的平面广告定价体系的情况下，对户外 LED 广告的定价依据和定价原理以及定价方法进行了理论分析，并探讨了户外 LED 广告的价值对定价策略的影响。刘文煜（2014）以户外新媒体广告的互动性为研究对象，对其产生背景、特征、优势以及发展进行了梳理归纳，从设计维度、技术手法、设计载体和营销策略的多样化四个方面拓展了户外新媒体广告的思维方式，并总结了在户外新媒体广告中实现互动性设计的四种方法。江紫微（2014）从数字户外媒体广告表现形式的创新、内容传达的创新、媒介策略的创新以及科技运用的创新四个方面揭示了数字户外媒体广告的改革与发展，并从正反两个方面论述了数字户外媒体广告对城市发展的影响。张明霞（2015）从户外 LED 大屏广告的现有问题以及创意思维的分析入手，挖掘和探索户外 LED 大屏的广告创意策略、广告表现策略以及广告投放策略。刘桃良（2015）从挖掘户外广告的功能与作用入手，着力探寻户外广告与城市形象之间的二元

绪　论

关系，并提出了二者融合共生的方略与设想。

　　针对城市公共大屏的商业广告层面开展的实证研究有：赵宏（2012）以品牌管理学理论为指导，借鉴国内外城市户外广告发展的成功经验，运用调查问卷、比较分析和个案研究法，从品牌定位、品牌个性、品牌发展战略等方面阐述了太原市户外广告发展的思路与对策。方照辉（2012）以数字户外媒体广告为研究对象，从国内数字户外媒体广告行业、主要细分市场及运营商三方面分析了数字户外媒体广告的发展现状，总结了数字户外媒体广告创意、广告表现及广告投放中存在的问题。在以成功案例为参照的基础上，提出了将广告与城市景观融为一体的广告创意策略、城市公共空间互动表现的广告表现策略以及与传统媒体、新媒体相融合的优化组合投放策略。李静（2012）以城市商业区户外广告景观为研究对象，运用多学科理论与知识，采用实地考察等方法，构建出系统的城市商业区户外广告景观规划体系，并系统归纳出理想城市商业区户外广告景观规划理念，提出景观规划指导思想的五个原则和四个技术方法。

　　刘星辉（2013）通过结合大量国内外优秀的户外新媒体广告案例，综合媒体技术、媒体环境、新媒体互动特性等方面内容，着重分析了户外新媒体广告在创意方面的策略和特性。黄立超（2014）以南京市主城区的户外 LED 广告为研究对象，分析了南京市户外 LED 广告在区域分布、投放及广告内容等方面的现状，归纳总结了目前户外 LED 广告存在的问题，以及户外 LED 广告的主要影响因素，并针对主要问题探索性地提出了相应的发展对策。

（四）城市公共大屏媒介传播研究

以媒介技术为研究对象的理论最早可以追溯到20世纪60年代初。美国学者尼洛葛庞帝（1997）指出，数字化（Digital）是指信息（计算机）领域的数字技术向人类生活各个领域全面推进，最终也必将带来媒体的数字化时代。美国加利福尼亚大学视觉艺术系列维·曼诺维奇教授（2002）系统提出了"屏幕媒体"理论，并总结了屏幕媒体以数字方式展示、模块化、自动化、可变性、转编码性的五个特征。美国南加利福尼亚大学电影艺术学院安妮·弗莱伯格教授（2009）梳理了屏幕媒体发展的轨迹，将电子屏幕特征统一概括为"虚拟视框性"。

米莉亚姆·史楚沛克（2011）提出，城市大屏幕是存在于城市空间中的各种动态数字显示界面，其数码本质与连续性令这些播放平台在虚拟和真实公共空间的门槛上，成为实验性视像化区域。

英国伦敦大学Chris Berry教授近年来致力于公共屏幕研究。他先后在伦敦、开罗、上海等城市对大屏幕展开了一项调查项目，通过研究大屏幕与传统媒介在接受行为方面的注意力，探讨大屏幕在使用模式方面的全新意义，来挖掘大屏幕技术的发展潜力。

2008年在墨尔本召开的第三届国际城市公共大屏幕会议以"移动的公众"（Mobile Publics）为主题，讨论城市公共大屏幕媒体在城市更新项目中的作用以及移动媒介、大屏幕塑造公共空间的新形式和促进创新城市的新策略。

绪论

在国内的相关研究中，汤筠冰（2008）探讨了 LED 广告的视觉传播形态、视觉传播特征以及 LED 广告传播所凸显的问题。周莉（2011）从屏幕语言（一种独有的媒体表达和屏幕文化以及一种视像之间的交流）的角度，论证了屏幕媒体是一种数字影像的全新融合。陈颖芮（2011）结合传播学理论对 LED 城市大屏媒体的要素进行系统梳理，从传播背景分析、传播环境分析、传播特性分析等几个方面全面宏观把握同时结合实证案例，提出了一些建设性的意见。丁宁（2012）分析和探讨了城市大屏的传播特点、城市大屏的传播劣势以及城市大屏的制作策略和技巧。朱磊、李素倩（2012）系统分析了户外 LED 屏幕的广告应用、媒体特性、传播优势以及制约因素，同时还探讨了户外 LED 媒体市场的发展趋势、适合户外 LED 媒体传播的内容以及目前国内外 LED 媒体市场所存在的问题。陆晔（2013）则提出，城市大屏幕成为当今醒目的城市新地标，它整合了以影像为中介的城市，而上海世博会则是影像都市的特殊案例。张陆园（2019）指出，多屏共生时代，新的屏幕形态接连涌现，屏幕正在不断进化。作为一种媒介现象，屏幕进化已经逐渐渗入到人们的日常生活中。

（五）城市公共大屏产业发展研究

目前国内学术界针对城市公共大屏的产业发展展开的分析与论述有：吴鹏（2009）从户外视频媒体产业分析入手，运用 SWOT 分析法和产业生命周期分析法，通过比较户外视频媒体和传统电视媒体，从而了解户外视频媒体产业特性，探索构建户外视频媒体产业的体系架构及其商业模式和经营战略，并解析户外视频媒体产业发展面临的问题和解决的途径，展望未来发展趋势。郭力群（2010）探讨了以 LED 电子显示屏为代表的户外新媒体在当今城市中发展的特点以及存在的问题。俞明仁（2010）从区域性 LED 户外媒体的崛起来探讨和分析湖北省 LED 户外媒体的新发展。杜国清、邵华冬、陈怡（2010）在回顾数字户外媒体发展的背景和历程的基础上，探讨和分析了数字户外媒体发展的三大契机：政策——机遇和挑战并存；需求——市场空间拓展和媒体价值的平衡；竞争升级促进行业更新与规范。最终提出了数字户外媒体的发展策略和思路：（1）看清形势：数字户外媒体是公共与商业属性高度结合的媒体；（2）策略调整：完善监测及效果评估体系，渠道规模化、终端化，服务定制化、专业化。

二 场景理论研究综述

目前国内外学术界对场景理论的研究主要遵循着两条不同的理论路径，一条是芝加哥学派提出的城市研究新范式，它把都市场景与都市的文化消费实践勾连起来，为城市发展和公共政策制定提供了全新的指导视角。而另一条研究路径则遵循着传播学技术——控制论学派重要学者梅罗维茨所提出的媒介情境理论的媒介研究新范式，它从媒介场景的角度切入，聚焦探讨了新媒体时代媒介场景的新特征及其媒介转型，并初步建构了场景的概念和理论框架。

第一条研究路径的代表性研究文献有：特里·克拉克研究团队（2010）提出的城市研究新范式"场景理论"。该理论通过对

绪论

一系列国际大都市考察后发现，当今都市的各种"场景"，是由都市娱乐休闲设施的不同组合构成的，而不同的都市场景又蕴含着特定的文化价值取向，吸引着不同的群体前来进行文化消费实践，这成为后工业化社会城市发展的典型特点。因此，他们把对城市空间的研究从自然空间层面拓展到区域文化的消费实践层面。徐晓林、赵铁、特里·克拉克（2012）继而提出，作为一种文化消费，"场景"体现为一定区域内蕴含特定价值观的都市设施组合。"场景理论"研究的是一定社区环境和都市设施蕴含的价值观与创造性群体等优秀人力资源的内在关联，探索后工业社会区域发展的文化动力。场景视野对价值观的强调及其与创造性群体等优秀人力资源的关联，对构建区域发展文化力及推动后工业社会区域发展模式创新具有重要意义。吴军、特里·克拉克（2014）进一步指出，全球化、个体化、中产阶层化以及文化消费的增长等对后工业化城市的转型与发展带来了影响，同时，也对城市公共政策的制定与设施提出了新的挑战。在这种背景下，涌现出如何保留城市传统与容纳多样性？如何建立较强情感纽带的社区共同体等问题。芝加哥学派提出的"场景理论"为解答这些问题提供了新思路。吴军（2014）进而分析，随着后工业社会的来临和城市形态的转变，以生产为基础的传统社会理论在解释城市更新与发展方面受到了挑战。为了应对这种挑战，"场景理论"对此进行了重新诠释。该理论以消费为导向，以生活娱乐设施为载体，以文化实践为表现形式，旨在重塑后工业城市的更新与转型路径。李惠芬、叶南客（2017）以江苏省13个地级市2010—2014年的文化消费面板数据为基础，采用固定效应模型和分块回归的方法，对不同文化场景下文化消费的差异性进行了实证研究。盖琪（2017）从场景理论视角出发，以北京706青年空间为样本，能够对我国城市青年公共文化空间建构的路径与意义做出梳理和展望。陈波、吴云梦汝（2017）认为，通过场景理论的维度体系和分析框架，对我国城市创意社区进行维度分析和场景设计，有助于为我国城市创意社区未来建设提供新的发展模式与发展思路。

而另一条研究路径的代表性研究文献有：宗华（2015）从梅罗维茨的媒介场景理论视角出发，探讨网络媒介场景的新特征，及其促发的社会个体在社交媒体中的行为方式对其自我认知产生的影响。郜书锴（2015）认为，继大数据时代之后，场景时代的到来孕育出一种新的理论——场景理论。场景的五种技术力量，互为移动互联网发展的核心驱动力，即将引发信息技术产业的巨大变革。其研究围绕着场景概念的内涵与演进、场景的理论框架与建构、场景的应用困境与对策进行了论述，并在此基础上深入探索了场景理论的学术源流和实践策略。郜书锴（2015）进一步围绕着场景理论的理论要点、研究发现、理论陷阱等重大命题展开论述，并首次明确地提出场景理论及其框架式阐释，为场景理论的丰富和完善提供了基础性思考。当今移动互联网思维成就了移动传播新常态，场景理论的提出恰好为媒体融合的发展开启了新的思维，为移动传播技术开发孕育了新的机遇，研究进一步论述了场景五力成为移动互联网发展的核心驱动力，将引领媒体转型与信息产业发展的新方向。谭雪芳（2015）运用梅罗维茨的"场景理论"，深入拓展了移动互联时代"场景"的内涵，分析场景

绪论

对青少年的行为和社会角色的影响与改变。彭兰（2015）指出，场景成为继内容、形式、社交之后媒体的另一种核心要素，移动传播的本质是基于场景的服务。谭天（2015）认为，当今媒体融合已经从渠道争夺变成终端融合，对场景的开发应用也成为融合与转型成败的关键。蒋晓丽、梁旭艳（2016）认为，当下，移动互联时代的到来，对场景传播规律的认识，为我们探究人类与技术的关系提供更多的条件。严小芳（2016）站在信息传播形态变迁和交互方式变革的角度，通过引入场景传播的基本理论，分析了网络直播所展现出的场景化精准传播理念。喻国明、程思琪（2018）指出，随着"以人为本"的主观评价标准与价值体系逐渐主导技术与社会的发展，用户更加强调媒介与在地环境融合提供特定场景下的信息和服务。

三 既有研究述评

通过对以上城市公共大屏和场景理论既有文献的梳理与总结，笔者发现，一方面，目前学术界对城市公共大屏的研究尚处于较低层次的实践和总结阶段，一些思辨性研究主要是从城市公共大屏的价值功能等几个层面来展开分析与探讨的，偶尔的几个实证研究也只是就事论事，做出了一些粗浅的归纳与概括，还没有提升到理论概括和理论总结的高度。另一方面，目前国内学术界对场景理论的研究尚处于引入介绍阶段，一部分国内学者在翻译和综述国外最新的研究成果，比如新芝加哥学派推出的城市研究新范式——场景理论，但只限于宽宏博大的分析与论述，并没有结合具体的研究对象展开实际探讨；另有一部分学者结合了当下的新媒体传播情境，将梅罗维茨的媒介情境理论引入中国的新媒体语境中来具体分析当下的媒介场景。尽管这种研究与探讨的思路比较开阔，然而美中不足的是其分析与探讨的研究对象却相当泛化，并没有聚焦到城市公共大屏这一新兴的电子媒介上来。由此可见，目前国内外学术界还未能有效地将城市公共大屏与场景研究这两个主题关联起来，并将二者有机打通以形成一个系统性的框架。

为了进一步提升城市公共大屏研究的理论品质，也为了进一步聚焦场景理论的研究对象，本书将城市公共大屏场景作为一个重要的研究主题和研究对象推出。此外，基于城市公共大屏研究中理论的系统性缺失，笔者尝试将场景理论的概念、内涵以及理论分析框架嵌入对城市公共大屏的本体论建构当中进行研究，试图搭建与架构一个关于城市公共大屏场景研究的新的理论脉络与分析框架，并希冀为当下的场景理论找到恰当的实践应用出口，同时也能为当下的城市公共大屏研究提供一些新的基础性的理论架构与理论思考。

第五节 研究意义、内容与方法

一 目的与意义

城市公共大屏作为一种全新的媒介传播方式日渐崛起。它不

绪 论

仅是传统视听媒体在户外的动态延伸，而且掀起了一场由媒介技术革新带来的"城市场景革命"，它可以满足人们对城市生活的感性追求与体验，是传媒艺术发展的最新表现形态。然而，在现实生活中，城市公共大屏仅仅表现为数量上的可观，它并未发挥其大屏影像装置的场景功能和价值，将这种城市体验融入公共日常生活，激发城市公共空间的活力，从而改变城市生活的品质。本书通过对它的研究，希望实现以下目标。

（一）丰富以城市公共大屏为载体的都市审美空间

城市公共大屏是拥有独特动态符号的创新性城市语言，相比于其他媒体而言，它拥有更广阔的审美空间和体验空间，极佳的显示效果、极具震撼的视觉冲击、高端大气的品质感，更能凸显出屏幕对象品质的美，屏幕对象内涵的丰富以及屏幕对象空间的延伸。城市公共大屏对于城市居民的审美取向、精神文化、社会习俗、时尚风格、消费习惯等方面都产生了深刻的影响，可以重新唤起人们对于自身所栖居城市的审美解读。

（二）重塑以城市公共大屏为契机的公共交往空间

西方国家对城市公共空间的社会交往一直比较重视。欧美城市公共大屏的应用近年来吸引了社会各界人士的热情参与；而我国的城市公共生活相对匮乏，公共空间质量普遍不高。城市公共大屏作为公共生活场景的一个重要转折点，可以丰富和改变人们在公共空间交往的模式，塑造城市空间与市民生活的新型关系，从而推动城市空间的品质和公共生活的改善。

(三) 构建以城市公共大屏为代表的城市场景理论

本书将场景理论的分析框架嵌入对城市公共大屏的本体论建构当中进行研究，聚焦于"场景"这一独特视角，将城市公共大屏与场景研究这两个主题关联起来，并将二者有机打通以形成一个系统性的框架，从而搭建与架构城市公共大屏场景研究新的理论脉络与分析框架，将城市公共大屏研究引向一个新的维度。

(四) 拓展传媒艺术研究的领域与成果

目前，传媒艺术研究重点更多偏向于传统媒体艺术领域以及各种新兴的网络媒体艺术。城市公共大屏作为数字影像时代全新融合的媒体艺术，融高科技（Technology）、媒体内容（Media）和信息传输为一体，是信息科技与媒体产品紧密结合的产物，构成当代传媒艺术领域极为独特的传播形态，将其纳入传媒艺术研究的视阈，是对传媒艺术理论与实践的重大突破。

城市公共大屏是一座城市经济、文化、艺术、政治的综合展示，它在城市的发展与成长过程中，对城市生活的各方面都产生了深刻影响。就文化功能而言，城市公共大屏与城市居民的审美取向、精神文化、社会习俗、时尚风格等密切相关；就政治功能而言，城市公共大屏与城市大型盛事、活动、突发事件、政府机构宣传、城市形象宣传等关系密切；就经济功能而言，城市公共大屏涉及人们日常生活与消费习惯、文化产业、媒体创意产业、广告营销、都市核心商圈等领域。可见，城市公共大屏的研究涉及社会学、政治学、经济学、传播学、艺术学和管理学多个领域，呈现出跨学科，跨文化，跨领域交叉融合的特点。

鉴于以上情况，本书主要立足于艺术学科的背景，将城市公共大屏场景作为一个重要的研究对象和问题推出，这样既可以将以上内容融为一体，同时又从它们各自的研究范式中抽离出来，将场景理论的分析框架嵌入对城市公共大屏的本体论建构当中进行研究，这既是一个全新的研究对象，也是一个全新的研究视角，故面临着极大的挑战。在导师的鼓励和笔者的学术勇气支撑下，仅抱着一种投石问路的态度，对现实问题做出了部分思考和回应，有利于挖掘城市公共大屏在场景时代的媒体功能和价值，也有助于实现传媒艺术理论与实践的突破与创新，大量的后续研究还有待与这个领域的专家共同探讨。

二　内容与创新

（一）研究内容

本书上篇从理论建构的层面，围绕城市公共大屏场景的内涵与阐释、城市公共大屏场景的历史流变、城市公共大屏场景的基本特征与功能、城市公共大屏场景的美学特征与价值四个方面从城市公共大屏的本体层面展开了分析与探讨，力图搭建与架构一个关于城市公共大屏场景研究的新的理论脉络与分析框架；本书下篇从实践运用的层面，围绕城市公共大屏场景的设计理念与内容、城市公共大屏场景的传播与效果评价等展开了讨论与论述，并结合本土具有代表性的城市公共大屏场景案例进行实证分析，希冀能为当下的城市公共大屏研究找到恰当的实践应用出口。具体章节内容如下。

绪论：首先提出城市公共大屏作为一种全新的媒介传播方式日渐崛起这一都市现象，然后分析城市公共大屏产生的时代背景，即它是传媒艺术的发展、后工业社会产物以及体验经济呼唤的必然结果。接下来，运用与场景密切相关的"感性学理论"、"场景理论"以及"媒介情境论"等跨学科、多角度的理论视角，对城市公共大屏场景进行深入的理论分析与阐释，同时为了对当下城市公共大屏和场景的既有研究文献做一个概述，笔者还从城市公共大屏以及场景的不同研究进路进行了仔细的梳理与概括，并阐释了本书写作的目的与意义，内容与创新，思路与方法。

上篇：城市公共大屏场景理论建构。本篇从城市公共大屏场景的内涵与阐释、城市公共大屏场景的历史流变、城市公共大屏场景的基本特征与功能以及城市公共大屏场景的美学特征与价值四个方面，建构起一个关于城市公共大屏场景研究的新的理论脉络与分析框架，从城市公共大屏的本体层面展开了分析与探讨。首先，对城市公共大屏场景的内涵进行了界定。城市公共大屏场景是以大屏为载体，以城市公共大屏所在的城市公共空间为场所，将媒介内容、城市景观与人们的社交行为与特定心理相融合的现代都市体验现象；其次，梳理和回顾了城市公共大屏场景在不同时期的历史流变。城市公共大屏先后经历了古代城市风俗画卷的萌芽阶段；近代城市都市霓虹的形成时期；现代城市电子奇观的发展时期和后现代媒介交融的成熟时期，城市公共大屏场景的变迁也构成了传媒艺术发展的重要线索和历史脉络；再次，详细阐释了城市公共大屏场景的基本特征与功能。与其他媒介场景

绪 论

相比，城市公共大屏场景在物态、内容和体验这三个要素层面都有自己鲜明的场景特征。它在社会、文化、审美、传播等领域发挥了独特的作用，突破了人们对于传统媒介场景模式的想象，是全媒体时代最具场景体验优势的传播媒介；最后，深入探讨了城市公共大屏场景的美学特质与价值。城市公共大屏为我们构筑了一个"真"（日常生活的真实空间）、"善"（社会交往的公共空间）、"美"（都市体验的审美空间）的审美空间，体现了"情感与形式""在场与去蔽""虚拟与现实""交往与互动""沉浸与体验""自由与超越"的审美特征，表达了场景时代以人的感性生存为目标的审美价值与追求。

下篇：城市公共大屏场景实践运用。本篇从城市公共大屏场景的设计理念与内容、城市公共大屏场景的传播与效果评价等方面展开了论述，并结合本土具有代表性的城市公共大屏场景进行案例分析，最后提出城市公共大屏场景的策略与建议。首先从城市公共大屏场景设计的模式、风格以及结构三方面提出了城市公共大屏场景的设计理念，即城市公共大屏场景的设计模式可分为事件模式和环境模式；城市公共大屏场景的设计风格可分为现实主义风格、现代主义风格和后现代主义风格；城市公共大屏的场景设计结构包含了7个较为完整的场景组成；接着指出了城市公共大屏场景的设计内容。从城市公共大屏内容生产来看，城市公共大屏不仅仅是一种商业广告的媒体，而且还是公共服务内容、新闻信息播报、形象宣传推广、节日庆祝活动、公共艺术展示的公共传播平台，是城市公共空间一种"特殊的文化放映"。然后分析城市公共大屏场景的传播特性和效果评价。从城市公共大屏的传播环境、传播心理、传播内容、传播方式等方面来看,城市公共大屏幕拥有社交场景平台化、事件场景话题化、生活场景便捷化、媒介场景融合化等媒介场景的优势,同时,城市公共大屏可利用传统电视媒体在户外场景的开拓、数字媒体艺术在户外场景的展示以及移动网络媒体在户外场景的融合等多种传播途径,更好的实现城市公共大屏的传播效果,并提供了一套城市公共大屏场景的效果评价方法。

最后,为了进一步考察城市公共大屏场景运用的实际效果,本书选取了华南地区最大 LED 媒体运营商——南方报业 LED 联播网城市大屏幕作为研究对象,采取深度访谈法、内容分析法及田野调查等实证研究方法进行了案例研究,以此来描述城市公共大屏场景内容、分析其存在的问题以及反映社会群体的诉求。

(二)创新之处

城市公共大屏场景研究,既包含了一个全新的研究对象——城市公共大屏,又涵盖了一个全新的研究视角——场景,笔者查阅国内外城市公共大屏的文献,几乎找不到与此相关的研究,选题本身就是一次大胆的创新。此外,本书还从以下几方面实现了突破。

1. 理论创新:本书第一次将感性学理论引入场景理论的建构之中,阐释了城市公共大屏场景的理论内涵。马克思在《1844 年经济学哲学手稿》中曾指出,人是作为自然的、肉体的、感性的、对象性的存在物。场景作为一种感性存在的方式,使人们获得了对现实生活和环境的实际感受和特殊需求。它使主体的感知状态得到确认,从而满足了人的感性生存的要求。场景时代最大的特点就是追求和完善人的感性意识,从而发现和丰富人的本质。这为本书从感性学角度和审美体验等方面展开对城市公共大屏场景的论述奠定了理论基石和阐释依据。

2. 观点创新:本书提出了一个重要观点:传媒艺术场景的变迁反映了当代媒介技术引发的感性及其审美变革。传媒艺术经历了从机械电子媒介时代,到互联网时代,再到融合媒介时代的发展变化过程,实际上也是从"真实性场景"到"虚拟性场景"再到"虚拟现实性"场景的媒介体验变迁的过程。梳理传播艺术在不同历史时期的场景变迁,构成了传媒艺术发展的一条重要线索,也是研究城市公共大屏场景的历史与当代语境。

3. 方法创新:本书在具体分析资料的技术层面,采用了深度访谈、内容分析以及田野调查等实证研究方法,并将场景理论引入城市公共大屏场景的评价指标设计中,通过考察大屏幕的场景属性与评价标准的对应关系,设计出一套基于城市公共大屏场景效果的评价指标和具体的评价量表,以此作为研究城市公共大屏场景的客观路径,从而在研究方法上实现了质化的突破。

(三)研究思路与方法

1. 研究思路

本书将贯穿宏观研究与微观研究、横向研究与纵向研究、整体研究与个案考察相结合的思路,围绕城市公共大屏的场景问题展开研究。

宏观研究与微观研究相结合：把握传媒艺术的总体特征，揭示城市公共大屏作为传媒艺术的共性与个性，深入分析城市公共大屏场景的形态、特征及其场景功能。

横向研究与纵向研究相结合：对不同形态的传媒艺术在传播方式和场景体验方面进行横向比较，归纳城市公共大屏的场景特点与规律；对城市公共大屏在不同历史阶段的形态进行梳理，探求城市公共大屏的发展演化轨迹。

整体研究与个案考察相结合：既探讨寻绎场景的基本特征和一般规律，又针对城市公共大屏场景作具体分析，由"点"及"面"地开展场景的研究。

2. 研究方法

在研究的方法论上，主要进行理论的阐释与建构。本书将以跨学科的视野，综合社会学、管理学、传播学、艺术学、哲学、美学等理论学科背景知识，对场景这一核心概念力图作一个系统的全面的把握，从而为城市公共大屏幕的场景研究搭建一个系统深入的理论基础，并从媒介—场景—体验的视角为本书注入思想与阐释的新模式。

在社会调查方法上，主要采用定性研究方法。包括文献综述法：通过阅读大量相关的书籍、期刊、会议论文、行业报告、专家访谈等文献资料，对国内外城市公共大屏的情况有一个全面了解；归纳分析法：通过阅读相关论著对城市公共大屏进行全面系统的归纳，进一步深入探讨其规律；比较分析法：本书通过对城市公共大屏自身发展历史的纵向梳理，以及与其他媒体的横向比较，使城市公共大屏的研究更为立体。

绪　论

　　在具体分析资料的技术上，主要运用实证研究法。主要采用深度访谈法、田野调查法和内容分析法，对有代表性的城市公共大屏案例进行实证分析，通过深度访谈法，了解经营者和使用者的情况及其主观感受。同时，选择广州、北京、香港等城市公共大屏幕进行田野调查，观察和记录城市公共大屏幕的性质和感官体验，记录大屏幕播出的内容规律及现场情况，为研究样本的内容分析提供依据。

理论篇

城市公共大屏场景理论建构

"屏幕和电子视觉内容广泛进入户外城市空间,是当代城市主义最显著的趋势之一。"

——引自 S. McQuire《媒体城市中公共空间的政治学》

随着以人的需求为中心的场景时代的到来,城市公共大屏将不再只是一块静止的屏幕,它已经完全融入人们的生活场景中,为我们营造出丰富的、深刻的、饱和的、充满生命力的体验。今日的城市公共大屏也不再是一个僵死的、刻板的、非辩证的、静止的空洞之物,它可以承载更多"内容"。城市公共大屏作为城市生活的重要场景,其形态和功能经历了不断的变迁与发展,从而逐渐演变为当今最引人注目的城市景观。

第一章

城市公共大屏场景的内涵与阐释

　　城市公共大屏作为城市公共空间一道独特的景观，一方面见证并反映着城市化进程中的飞速变幻；另一方面，也唤起了人们对于自身所栖居城市的重新解读。随着科学的进步与时代的发展，人们的生活方式正在经历一场由媒介技术革新带来的"场景革命"。然而，"场景"这一承载着人类情感和体验的重要因素，却在城市公共大屏的研究视野中被遗忘了。城市公共大屏独具的场景体验优势，能够最大限度地满足受众的人本化互动体验和充满质感的视听享受，它以一种前所未有的真实感、卷入感、参与感、信赖感，引发了都市人群深刻的共鸣，给人们带去丰富、深刻、饱和、充满生命力的场景体验，是人们在客观物质基础上契合社会、文化、心理、情感等因素所形成的综合体验现象，应该引起更多的关注和研究。

理论篇 城市公共大屏场景理论建构

第一节 城市公共大屏的界定

城市公共大屏不仅是传统视听媒体在户外的动态延伸，而且是数字影像的全新融合方式。德国公共艺术协会负责人、国际都市屏幕论坛发起人 Mirjam Struppek 曾对城市公共大屏做出如下定义：

> 它是 LED 标牌、等离子屏幕、投影板、信息终端和智能建筑表皮等存在于城市空间中的各种大型的动态数字显示界面，它们关心城市社会的均衡和可持续发展，促进公共空间创造性、文化交流、经济发展和塑造良好的公共氛围，是城市公共空间通向虚拟世界的视觉实验区域。①

如今，城市公共大屏以各种各样的形态出现在我们的城市空间，从路边的户外广告大牌，到户外 LCD 液晶显示屏、城市全彩 LED 大屏幕，乃至近几年，主要依托于 3D 技术、互动投影装置、虚拟现实技术（VR）、增强现实技术（AR）发展起来的各种城市公共大屏以及智能控制的动态多媒体建筑表皮等，这些城市公共大屏与最新的显像技术、计算机技术联系，为户外场景体验带

---

① ［德］玛琳·史楚柏：《都市屏幕——公共屏幕在城市带来互动的潜力》，《当代艺术与投资》2011 年第 1 期。

来了革命式的影响。

城市公共大屏作为一种高度技术化、艺术化的空间媒介，实际上是一种依托技术手段，在人与机器之间，建构起来的一种"新感性"媒介。它通过"人—数字化—人—机"的场景，强化了人类感性生存方式，在造就当代都市先进、繁华、时尚的表象的同时，更创造了现代都市无法替代的场景体验空间。

本书将城市公共大屏界定为：城市公共大屏是指基于大屏幕显示技术、计算机技术等高科技手段普遍存在于城市公共空间中的大尺寸的动态显示装置。它构成了城市公共大屏场景的核心关键要素。

第二节 场景的概念

"场景"，本来是影视用语，指在一定时空内发生的情境，或者因人物关系构成的画面。辞海中对场景的解释是：①电影、戏剧作品中的各种场面，由人物活动和背景等构成；②泛指生活中特定的情景。

对于第一种解释：场景作为电影、戏剧的基本元素，为剧中人物的活动提供了具体的时空环境、一定的人物关系以及具体的情节。如戏剧的发生与发展往往要保持时间、地点、情节这三个要素的统一。戏剧艺术通过这种高度浓缩的方法，将时空跨度汇聚在一个场景里展开。现代戏剧场景的设计，虽然打破了传统的"三一律"模式，围绕着角色所经历的时代环境、生活背景、心理变换以及社会场景等来谋篇布局,但人们仍可通过场景直观地感受故事发生的环境背景。又如在影视作品中,人们通常都是以"镜头"和"场景"作为叙事的基本单位,一个场景由不同蒙太奇镜头组合而成,一组或者数组镜头中人物活动的时空景观就构成了电影的场景,场景的改变也就意味着故事的发展。早期的电影大师梅里埃为了追求电影场景的真实性效果,通过模仿戏剧舞台的场景进行电影场景的设计。随着影视艺术本身的发展,场景设计已经成了一门设计艺术,体现为导演在影视空间中传达的美学风格。

对于第二种解释:场景的基本内涵是在为现实提供某种可能需要的以及相关联的生命体验,它作为人的活动的空间,是对人自身存在的直接感知,不仅体现为人与外部世界关系,而且根源于人的感性需要,是主体的内在感知与对象世界的契合。举一个喝咖啡的例子。简单的喝咖啡却可以衍生出花样繁多的场景。比如,去星巴克喝咖啡,往往伴随着商务洽谈的场景;去漫咖啡饮咖啡,往往伴随着放松闲聊的场景;在雕刻时光喝咖啡,伴随着安静的读书场景;而选择去"方所"这样的地方喝咖啡,却是为了聆听大师的思想……人们通过选择各种不同的喝咖啡场景,来获得对周围环境或事物的不同感受和实际需求,从而实现人们情感交流的生命体验和个性化追求。

从这个例子可以看出,场景的本质内涵其实就是在现实生活中,提供某种可能需要的以及相关联的生命体验,它作为人的活动的空间,是对人自身存在的直接感知,不仅体现为人与外部世界关系,而且根源于人的感性需要,是主体的内在感知与对象世界的契合，使人的本质力量得到感性显现。

一　场景的概念辨析

场景概念很容易与"空间""景观"以及"情景"这些相似概念混淆，虽然它们只有一字之差，但他们之间的区别与联系却错综复杂，要对城市公共大屏场景进行界定，首先要区分清楚这几组不同概念。

（一）场景与空间。空间多指一个地理概念，它是物质存在的一种客观形式，由长度、宽度、高度等因素构成。场景，则是指在特定时间和空间内发生的，由一定的人物和人物活动所组成的生活画面。它既包含了空间要素，又包含了由人的活动和体验所构成的情感要素。古希腊原子论者把空间的特点看作"虚空"，空间往往被当作背景、容器、舞台、环境，而呈现出相对静止的、客观的、绝对的、纯净的特点，而场景作为人类行为和社会活动的重要条件，相比空间而言，则呈现出更为丰富、生动、感性和辩证的特点。

（二）场景与景观。汉语的"景观"同英语的"scenery"含义差不多，都有"风景""景致""景色"等含义。"景观"是场景的重要构成因素，而"场景"不仅包括了景观所具有的客观形象信息，而且还包含了这种客观信息通过人的知觉形成的某种联想和情感，即场景包括了客观形象和主观感受两个方面。相对而言，景观是直观的、形象的、具体的，而场景则是相对主观的、感性的、抽象的。

（三）场景与情景。"情景"是指具体场合的情形或者景象。所谓"情"指"感情""情绪"等主观感受；而"景"则指客观环境所呈现的图景，反映在艺术作品中就是承载主旨的"形象"。我国古代文学艺术作品非常重视"情景交融"。王国维说，"文学中有二元质焉：曰情，曰景"，情景构成了我国古代文学作品场景中的重要元素。场景则包含了"场合"和"情景"这两层含义，它不单指"情"与"景"，而且指情景发生时的场合，包括时间、地点等某些特定的情况。因此，相对情景暂时性的、片刻的感受，场景则是持续的、相对完整的生命体验特征。

二 场景的构成要素

关于场景的构成要素，国内有学者认为，场景是指人与周围景物的关系总和，其核心是场所与景物等硬要素，以及空间与氛围等软要素[①]。如图1.1所示。

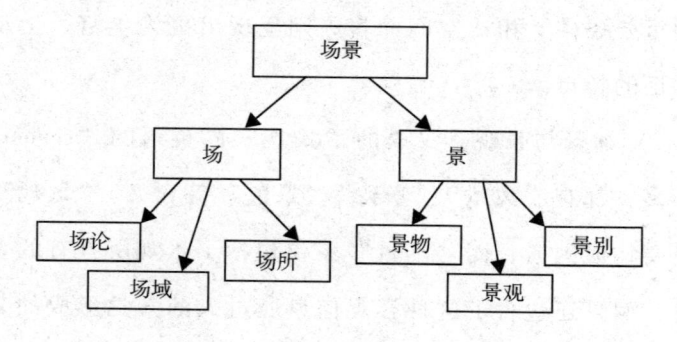

```
                    场景
                   ╱    ╲
                  场      景
                ╱  ╲    ╱  ╲
             场论  场所  景物  景别
                场域        景观
```

图1.1

---

① 郜书锴：《场景理论的内容框架与困境对策》，《当代传播》2015年第7期。

第一章 城市公共大屏场景的内涵与阐释

本书认为，场景作为人们在客观物质基础上契合社会、文化、心理、情感等因素所形成的一种复杂的体验，除了包含以上"场"和"景"这两个要素，还应包含由这二者契合而成的参与主体的体验要素，这也正是场景区别于其他概念的核心要素。因此，场景实际上包含了物态层面（场）、内容层面（景）、体验层面（情）这三个层面的要素：

物态层面：是指组成场景的物质条件及物理空间的要素，它们是客观的、看得见，摸得着的，包括空间、场所、设备等硬要素；

内容层面：是指构成场景的内容，包括各种景物、景观、景别以及在特定的时间和空间内发生的情节等，它们是具体的，可感的软要素；

体验层面：是指场景本身所蕴含的情感要素和主体在场景中生成的感受体验，它们是主观的，想象的，审美的要素。因此，完整的场景要素实际上是由以下部分构成的。如图1.2所示。

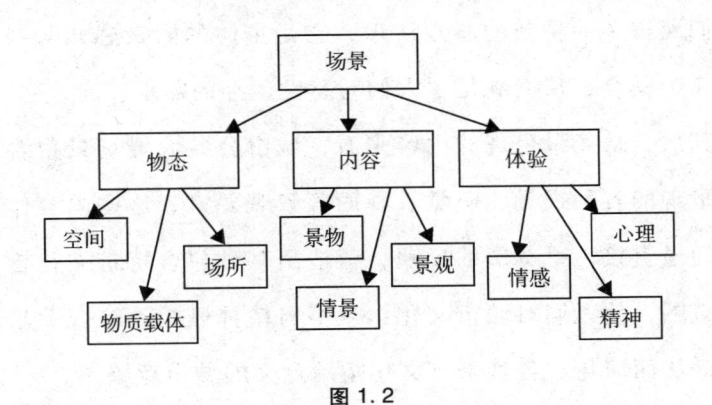

```
                    场景
         ┌───────────┼───────────┐
        物态         内容         体验
      ┌──┴──┐    ┌──┴──┐    ┌──┴──┐
     空间  场所  景物  景观  情感  心理
           │     │           │
         物质载体 情景         精神
```

图1.2

以上三个层面的要素既构成了场景的最深的层次，也是场景结构形成的主要依据。一件成功的艺术作品所蕴含的场景必须涵

53

盖这三个方面。比如,舞台戏剧的场景,往往就是凝聚了物态层面(舞台空间)、内容层面(情节内容)、体验层面(情感价值)这三个要素,让人过目难忘,充满了永恒的艺术魅力。

第三节 城市公共大屏场景的内涵

根据上述对城市公共大屏的界定以及对场景的内涵、概念及要素的分析,我们可以从这几方面来把握城市公共大屏场景内涵。

首先,从场景的本质内涵来看,城市公共大屏作为一座城市公共空间不可缺少的场景要素,它为户外人群提供了某种可能需要的、现实性的审美体验,作为城市主体活动的公共空间,它引发了人们对存在环境的直接感知,丰富了人们的感性实践活动,使人们获得了一种新的感性认识,它是主体的内在感知与对象世界的完美契合,从而满足了人们对感性生存的需求。

其次,从场景呈现的内容来看,城市公共大屏场景包含了屏幕内呈现的各种视觉、听觉、画面等景观要素,这些内容作为城市空间最直接、最有形的反映,营造出某种包含特定文化旨趣的城市氛围,使人们对城市文化、习俗与精神风貌等综合图景产生想象,从而演化成各种带有文化暗示意义的城市意象。

最后,从场景的构成要素来看,城市公共大屏的物质层面要素:包括了它所处的空间环境以及屏幕设施条件等;内容层面的要素:包括以屏幕为表现内容的景观要素;体验层面的要素:包括它所蕴含的情感要素及其对人们对它的情感体验及价值追求，这三个要素构成了城市公共大屏场景最深层次的内涵，也是其场景结构形成的主要依据。

结合上述分析，本书将城市公共大屏场景内涵概括为：城市公共大屏场景是以城市大屏为载体，以城市大屏所在的城市公共空间为场所，将媒介内容、城市景观与人们的社交行为与特定心理相融合的现代都市体验现象。

换句话说，城市公共大屏是人们在屏幕、空间、媒介、景观、行为和心理共同作用下与客观环境契合而形成的一种复杂和多元的综合体验，实现了"场景上的物质景观性、交往上的复归现实性以及文化上的重地域化和形象光晕性"[①]，它使人们获得了一种新的感性认识，满足了人们对感性体验的更高层次的追求。它是主体对当下自身所处场景的一种体认，即基于人的生理官能的"感性"作为"人的全部生存的确证"。这种"感觉本能"是人与世界建立连接的一个纽带，充分满足了人们"感觉的实践器官"的需要，让受众感受到愉快、兴奋与美感。因此，城市公共大屏构成了都市最有代表性的场景体验，给人们带来了丰富的、具体的、感性的、生动的、辩证的、连续的、完整的生命体验。

---

① 苏状：《公共屏幕传播与公共空间重构》，《南京社会科学》2012年第9期。

第二章

城市公共大屏场景的历史流变

城市公共大屏作为城市公共空间一道独特的风景,一方面见证并反映着城市化进程中的飞速变幻;另一方面,城市大屏日新月异的斑斓图景也给城市提供了想象的土壤,唤起了人们对于自身所栖居城市的重新解读。伴随着城市从古至今的发展与变迁,城市公共大屏作为城市生活的重要场景,其形态和功能经历了不断的变迁与发展,从而逐渐演变为当今最引人注目的城市景观。

第一节 城市公共大屏的萌芽:古代城市的风俗画卷

随着古代城市的发展,社会分工开始出现,商品交换由此产生,并在人群聚集的地方出现了"市"。《易·系辞下》载"……于国,日中为市,致天下之民,聚天下之货,交易而退,各得其所。"到了春秋战国时期，手工业发展迅速，商品日益增多，且制作精美。古代商家、店铺利用各类招牌来推销商品，这就是城市大屏萌芽时的雏形。

据资料记载，先秦开始，就有挂在路边的大幅旗帜广告。战国时期的《韩非子·外储说右上》一书中说："宋人有沽酒者，升概甚平，遇客甚谨，为酒甚美，悬帜甚高。"可见，那时已有商人使用旗帜作为广告牌。唐宋时期商业十分繁荣，招牌广告、灯笼广告、旗帜广告比比皆是。及至宋代，由于放开了官府办市的规定，市场交换更为活跃，商品的生产和流通明显改善，户外广告形式得到进一步发展，彩楼、欢门、店堂装饰、店招广告、幌子广告、印刷广告、字画广告、诗歌广告等层出不穷[①]。

北宋画家张择端绘制的《清明上河图》，生动地展现了北宋时期繁华的城市生活场景。我们不但可以通过画中人物的形态、表情来想象一系列古代的生活事件和各种场景，而且可以通过《清明上河图》上各类旗帜招牌的形象，如香店的"刘家上色沉檀栋香"、药店的"赵太丞家"、医店的"杨家应症"、绸缎店的"王家罗锦匹帛铺"等[②]来想象古代城市生活中承载的各种场景。

明代的《南都繁会图》（见图2.1）描绘了明朝后期南京城市商业经济繁荣的景况。街道各类招牌、旗帜广告鳞次栉比，多达109种。到了封建社会末期，清朝的户外广告达到鼎盛期。传说清代乾隆巡游江南时，见到有家店铺招牌上写着"万货全"，

---

① 赵琛：《清代户外广告》，《中国广告》2003年第8期。
② 马美：《古代商业广告琐谈》，《寻根》2005年第5期。

图 2.1 明代《南都繁会图》局部细节图

于是故意问老板要买金饭叉子，老板不好意思地说没有。乾隆指责："店不是叫'万货全'吗？"老板忙向乾隆请教名字。乾隆即兴题名："百货全"。据说，这便是"百货商场"名字的由来①。乾隆二十四年，画家徐扬作《姑苏繁华图》长卷，生动地再现了当时苏州商业的盛景。苏州城商户"何啻数十万家"，被称为"天下四聚"之一，从《姑苏繁华图》中可以看出，那时的户外广告已是招牌、旗帜、幌子、牌匾浩瀚并行了。这正是城市大屏

---

① 马美：《古代商业广告琐谈》，《寻根》2005 年第 5 期。

萌芽时的形态，它鲜活的揭示了古代人们的生活场面和各类情景，如同古代城市的一幅幅风俗画卷。

第二节 城市公共大屏的形成：近代城市的都市霓虹

伴随着近代城市的发展，城市户外媒体日渐增多，它开始由自发的形态逐渐演变为一个独立经营的行业，城市公共大屏正式的形态便是形成于这一时期。20世纪20年代之后，上海、广州、香港、重庆等地的洋行和商号开始利用各种户外广告推销产品，户外橱窗广告也是在这一时期从美国传入我国。此外，各种招贴画、路牌广告、霓虹灯广告、街车广告、电子广告牌等宣告了城市户外媒体时代的到来。

这一时期比较有代表性的是上海的城市户外大牌。旧上海的烟草广告很盛行。每个烟草公司几乎都会有专人从事广告制作，街道的两边到处林立着各种烟草广告。老上海华成烟公司"老少牌"套色马路广告，在那个年代广为流行（见图2.2）。此外，旧上海的路牌广告也开始革新，橱窗广告也随之应运而生。据上海市公用局统计：1933年上海像这样的户外广告牌已接近4000平方米，其中由政府机构和部门设的布告牌占20处，面积123平方米，民用商业类的广告牌占216处，面积多达3822平方米[①]。

---

① 赵琛：《户外广告》（下），《中国广告》2004年第11期。

图 2.2　旧上海街头的马蹄牌香烟广告

新中国成立后，随着经济的发展，娱乐事业开始兴旺起来。上海、广州、天津、武汉等大城市展现出一番热烈兴盛的浓郁商业氛围。各大百货公司纷纷用色彩斑斓的霓虹灯去布置商品陈列橱窗、悬挂广告条幅、贴出墙体广告，吸引无数的消费者。户外广告上性感美丽的女郎和肌肉发达的男模，给人们带来了强烈的感官的刺激与丰富的想象，暗示了人们欲望和思想的解放。城市霓虹屏让夜晚格外引人瞩目，它是反映近代社会和城市生活状态的一面镜子，以其惊鸿一瞥的方式给观者留下深刻的印象，在传递信息的同时，引导了当时的社会时尚，不知不觉地影响了近代都市人们的生活习俗与生活方式。

第三节 城市公共大屏的成熟：现代城市的电子奇观

1979年改革开放，中国经济快速发展，户外媒体从形态上更为成熟。霓虹灯广告、灯箱广告、LCD显示屏、LED显示屏、户外投影装置、智能控制的动态多媒体表皮建筑等大屏幕形式与最新的显像技术、计算机技术联系紧密，户外电子屏凭借其面积巨大、色彩鲜艳、可视距离范围广等一系列传播优势，成功吸引了人们的眼球，给人们带来了全新的感官体验，作为一种视觉奇观，很快占据了繁华快捷的都市生活场景。

2000年，上海地铁站首先安置了户外LED显示屏，随后其他一线城市也开始运用这种户外媒体。在北京、上海、广州等地的城市地标都设置了户外超大屏幕。如位于北京世贸天阶商业中心街区的巨型LED显示屏，长250米，宽度30米的，是目前综合性能位居世界前列的一座"梦幻天幕"。

2010年广州亚运会期间，位于广州花城广场的国内首个户外真实像素分辨率最高的户外全彩LED显示屏，以其超亮、高清、气势恢宏、绚丽多彩的屏幕品质，每天汇集百万游客的目光关注。亚运会期间，这块CREATOR快捷巨型屏直播了中央电视台100多场亚运赛事节目，成为花城广场一道靓丽的风景线。

2010年上海世博会最大的亮点是每个国家精心设计的具有文化标识意味的大屏幕。在中国国家馆的展厅中，长达832平方米的《清明上河图》，以动态屏幕的形式在展厅播放，行云流水般的屏幕将中国古代文明的历史长河原汁原味地再现出来（见图2.3）。沙特馆作为世博会上大型场馆之一，沙特馆内360°巨幕影院通过强大的视觉冲击和音效震撼让游客留下深刻印象。置身于1600平方米的巨幕影院中，您可以穿越沙特阿拉伯，陶醉于沙特的辉煌之美，感受它的自然和文化之瑰宝。

图2.3 上海世博会中国国家馆巨幅电子动态屏《清明上河图》

2011年之后，城市大屏幕经历了快速发展的时期，作为一种全新的媒介传播方式，它凭借其精彩纷呈的场景表现力，以及新生媒介特有的一种"媒体印象力"，逐渐成为新的都市景观和醒目的城市标识，成功吸引了大量传媒资本投入城市大屏幕，城市大屏媒体迅速成长为都市传媒中的一匹黑马。

第四节 城市公共大屏的发展：后现代虚拟现实场景

随着后现代场景时代的来临，城市公共大屏未来的发展趋势更加注重场景的互动、体验和分享。城市大屏未来形态将主要依托于高新技术包括虚拟现实技术、影像动作识别非接触式交互技术、3D技术、"VRMIX"互动投影、"EyeCatch"捕捉眼互动系统等手段，为观众带来更为深刻的场景变革。

3D Mapping投影，也叫作3D立体幕墙投影，是近两年来最炫目的城市大屏的表现形态。它可以在建筑外墙或立面投射出具有高度真实感、立体感的三维动态影像，多用于游戏、奢侈品牌、汽车、电子数码产品等行业的品牌推广，开创了丰富的场景体验营销模式。

全息投影（Holographic projections）为城市大屏体验带来了革命式的影响。全息投影通过将不同角度的影像投影至全息投影膜上，实现360°立体影像投影。例如，2015年的春晚，李宇春表演的《蜀绣》节目舞台，就利用了全息投影技术。观众可以通过特效看到5个李宇春同时呈现在面前，它是利用全息投影技术，产生立体的空中幻象，使幻象与表演者互动，一起完成表演，产生令人震撼的演出效果，这个创意表演也成为羊年春晚最精彩的节目之一。

近些年，虚拟现实技术（VR）和增强现实技术（AR）在城市公共大屏设计中也得到了广泛地应用。它将虚拟空间和现实空间结

理论篇　城市公共大屏场景理论建构

合起来，并在增强现实的环境中进行互动。例如，BBH 为法国 AXE 香水做的户外互动广告"机场与天使邂逅"。在伦敦维多利亚机场大厅地面，设有一块特殊的感应装置，当旅客靠近里面，就会看到机场的大屏幕里有一个展开双翅降临在身边的天使与旅客上演了一场极尽诱惑的"邂逅相逢"场面，这便是增强现实技术最具创意的经典场景案例。

图 2.4　法国 AXE 香水"机场与天使邂逅"的户外增强现实大屏幕广告

技术改变了城市公共大屏的传播形态与格局。城市公共大屏已经能够利用最先进的技术营造一种交互体验的场景，它不断的以其独特的场景体验和创意取悦着每一个参与者。大屏独具的天然传播优势，多通道、高层次、非接触的人机交互式传播效果，最大限度的满足受众的人本化互动体验和充满质感的视听享受，因此成为未来城市最具发展潜力的优异媒体。

第三章
城市公共大屏场景的基本特征与功能

随着城市化进程的加快和城市生活方式的演变，城市公共大屏的密度也越来越高。城市公共大屏场景作为以大屏为载体，以大屏所在的公共空间为场所，将媒介内容、城市环境与人们的社交行为与特定心理相融合的现代都市体验现象，主要有三个方面的特征，即：屏幕与空间形成的物态特征，消费与精神构成的内容特征，时空与狂欢交织的体验特征。它在塑造空间正义的理想模式，反映社会心理的文化嬗变，追求都市栖居的诗意存在以及充当主流群体的媒介载体等方面，对社会、文化、审美和传播等领域都发挥了独一无二的场景功能，体现了诺伯舒兹所说的"场所精神"。

第一节 城市公共大屏场景的基本特征

城市公共大屏幕场景的特征是由它的物态要素、内容要素以及体验要素等场景要素特征决定的。从屏幕物态特征来看，城市公共大屏场景以大型动态屏幕装置为载体，以城市公共空间为物质空间；从内容特征来看，城市公共大屏以商业广告为主导，以公共服务信息为宗旨；从体验心理特征来看，城市公共大屏能够给人们带来时空压缩和狂欢的仪式感；对城市公共大屏媒介的场景特点进行挖掘，可以更好地发挥城市公共大屏场景的独特功能。

一 物态层面：屏幕与空间的物质复归

屏幕是人类创造的最富有表现力的媒介之一。从帷幔、银幕、荧屏、计算机显示器到各种移动终端，屏幕已经实现了多次飞跃——电影银幕、电视屏幕、移动网络通信屏幕、个人电脑屏幕以及公共场所各种LED标牌、等离子屏幕、投影板、信息终端和智能建筑表皮等城市公共大屏幕，极大地丰富和改变了人们的生活方式与文化模式，使人们陶醉于屏幕所创造的空间之美。

美国新媒体艺术家列维·曼诺维奇教授在《新媒体语言》一书中，最早提出"屏幕媒体"范畴。他认为，在数字时代，新媒体属于屏幕媒体，各种活动影像都是通过取景器和摄像机等屏幕介质来制造幻觉、呈现视野、展示空间。美国影像文化研究学者安妮·弗莱伯格教授梳理了从传统到现代屏幕媒体发展的轨迹，并将屏幕文化特征概括为"虚拟视框性"。

从现象学意义上而言，屏幕空间具备物质性。从社会到家庭，从公共空间到个人空间，有着各种大的小的、固定的移动的、硬质的柔软的屏幕。物质是空间存在的基础，没有脱离空间的物质运动存在，也没有脱离物质运动的空间存在，即使建立在计算机网络技术基础上的赛博空间，信息化空间，虚拟空间或是流动空间也是物质的，是"通过流动而运作的共享时间之社会实践的物质组织"①。

屏幕媒体的物质空间最终是由各类屏幕的外形尺寸决定的。屏幕大小决定了空间的适用范围，限制了屏幕的观看内容，这正是探索屏幕物质空间的意义所在。

城市公共大屏作为一种大尺度的空间媒体，相比于其他屏幕媒体，拥有更大的创意空间和更广阔的公共空间，因此更能凸显出屏幕对象的美，屏幕内涵的丰富，屏幕空间的广大。鲍曼对此曾经有过形象的描述："大就是美，大就是理性，大代表力量，雄心和勇气……"城市公共大屏幕所展现的这种艺术特性如今也为越来越多的城市设计师所关注。如苏州圆融时代广场500米长、32米宽的巨型LED天幕，超过了美国赌城拉斯维加斯的400米"天幕"。整个"天幕"由2000多万只超高亮度的LED灯组成，耗资亿元。天幕街区将定时播放各类题材老少皆宜的片源，瑰丽、豪华、热烈，独特的灯光表演系统将给市民带来强烈的视听新体验。

二 内容层面：消费与精神的现实叠加

城市公共大屏场景内容取决于"谁在播放？播放什么？它想

---

① ［美］曼纽尔·卡斯特：《网络社会的崛起》，夏铸九等译，社会科学文献出版社2003年版，第505页。

第三章　城市公共大屏场景的基本特征与功能

图 3.1　苏州圆融时代广场城市公共大屏

要达到什么目的?"众所周知,目前大多数城市大屏所有权掌握在私人手里,因此,城市公共大屏传播的主要内容仍是以商业广告为主体。与其他媒体相比,城市公共大屏明显表现为商业广告媒体的性质。城市公共大屏作为一种优质的户外媒体,是企业高端品牌与目标消费者交流沟通的理想媒体。它所代表的"高端、大气、上档次"的消费理念不仅是一种物质或精神层面的消费,同时更是象征层面的消费。人们通过城市大屏的品牌消费,来彰显消费者的社会身份与地位,表达消费者追求富贵、浪漫、时髦的个性,这是城市公共大屏场景在内容上的显著特点。为了考证这一点,笔者曾分别在广州、北京、上海三个城市作了城市大屏传播内容的实地调研记录。

表3-1　　　广百城市大屏幕（郁金香传媒）记录时间：
2014年10月4日

播放名称	播放时间	播放次数	播放形式	播放内容
剑南春	10：30—10：42	4	图片、文字	酒类广告
金剑南	10：30—10：42	4	图片、文字	酒类广告
美宝莲	10：30—10：42	4	图片、文字	化妆品广告
天之蓝	10：30—10：42	4	图片、文字	酒类广告
中国梦梦之蓝	10：30—10：42	3	图片、文字	酒类广告
天梭骏驰系列	10：30—10：42	3	图片、文字	手表广告
天猫	10：30—10：42	4	图片、文字	淘宝广告
雅姿	10：30—10：42	2	图片、文字	化妆品广告
Longines 康铂	10：30—10：42	2	图片、文字	手表广告
广百天河打折	10：30—10：42	2	图片、文字	商场信息
上海大众	10：30—10：42	2	图片、文字	汽车广告
英超直播、乐视体育	10：30—10：42	1	图片、文字	汽车广告
中国梦之声	10：30—10：42	1	图片、文字	节目广告
五粮液	10：30—10：42	1	图片、文字	酒类广告
郁金香传媒	10：30—10：42	1	图片、文字	户外媒体广告
痞子英雄	10：30—10：42	1	图片、文字	娱乐信息
军队宣传口号	10：30—10：42	1	图片、文字	宣传语
国庆宣传口号	10：30—10：42	1	图片、文字	宣传语
广州国际购物节	10：30—10：42	1	图片、文字	购物信息
广州市应急宣传	10：30—10：42	1	视频	宣传片
广州创建星级卫生街道	10：30—10：42	1	视频	宣传片

同时，城市公共大屏作为公共空间一种"特殊的文化放映"，它与城市居民的审美取向、精神文化、社会习俗、时尚风格等需求密切相关，在城市大型盛事、活动、公共信息发布、突发事件、生活服务、政府机构宣传、城市形象宣传等方面具有十分重要的作用，是消费社会与大众精神的现实重合。例如，户外电视

第三章 城市公共大屏场景的基本特征与功能

大屏,通过播放各类非营利、高质量的电视节目,提供城市公共生活所需要的信息和服务;又如,以仪式庆典为目的的户外活动大屏幕,通过策划公共事件和公共活动,引发公众共同关注的话题;还有以形象宣传为目的户外宣传大屏幕,通过播放国家或者地区的形象宣传片,以直观影像的方式构筑起公众共同的价值观。城市大屏场景正是通过这些内容议程的设置与播放,满足不同场合的户外人群的需要。

图 3.2 广州花城广场的 LED 异型大屏幕(图片自拍)

三 体验层面：时空浓缩与狂欢的仪式

城市公共大屏场景打破了传统城市中空间和时间的限制，拓展了人们对时空的感知方式，潜移默化地改变了屏幕体验者的心理和视觉思维。它不仅在空间上形成了"奇观"，打破了空间的均匀分布，使人们的视线很容易对屏幕内容敏感，而被大屏幕的画面所吸引，而且在时间上打破了其线性的特点，通过间断、破碎和跳跃，形成"一连串感受的连续流"，达到时间的"戏剧性"效果，令人丧失了对空间和时间的尺度感。哈维用"时空压缩"来描绘这种"更加灵活的积累模式"所导致的时空体验方式的变化。"它不断地把时间变成空间，空间变为饱和，身体变为电子学，缺席变为出席。"如詹姆逊所言"今天，支配我们的日常生活、心理经验和文化寓言的是空间范畴而非时间范畴"。

同时，城市公共大屏的公众在屏幕前的聚集、观看、交往的行为带来了一种狂欢仪式感。巴赫金认为，欧洲中世纪和文艺复兴时期的狂欢节不是由某一个统治阶层的特权来组织的，它是真正的全民广场节日的象征与体现，在狂欢节期间，所有人都是参与者，以广场为中心，狂欢节就其意义来说是全民性的、包罗万象的、所有人都参与的亲昵的交际。"在这里，节庆性成为民众暂时进入全民共享、自由、平等和富足的乌托邦王国的第二种生活形式。"①

---

① ［苏］巴赫金：《拉伯雷研究》，李兆林、夏忠宪等译，河北教育出版社1998年版，第11页。

第三章 城市公共大屏场景的基本特征与功能

图 3.3 2006 年柏林世界杯广场大屏幕直播

城市公共大屏提供了一个供人们集体观看，集体狂欢的公共空间。在这里，每个参与者能够感受到自己是这个公共空间的组成部分，理解自己所作所为的意义与价值，人们在共同参与的经历中，所有紧张、失望、兴奋的情绪都被放大了，被压抑的个体表达和寻求更彻底的释放在共同的呐喊和欢呼中得以实现。在这场由城市大屏幕发布的"城市庆典"中，被遗忘的公共空间再次激活，人们的交往模式发生了彻底改变，人们像是经历了一场醉后的狂欢，津津乐道的回忆着这一特定的场景，并在一定程度上构筑为相同的背景理解和社会想象，从而对这个公共空间和在其间的联合形成认同，从这个意义上而言，城市公共大屏幕空间因此拥有了社会空间的意义，亦即 Norberg-Schulz 所推崇的"场所精神"。

第二节 城市公共大屏场景的功能阐释

城市公共大屏在塑造社会空间的理想模式，潜移默化的改变社会文化心理，营造城市的审美氛围和城市意象以及传播公共信息等方面，都具有独一无二的功能优势，作为城市最重要的场景之一，在城市公共空间中扮演越来越重要的角色。

一 社会功能：空间正义的理想模式

城市公共大屏场景的社会功能主要是以社会空间的形式来发挥作用。大卫·哈维（David Harvey）用"空间正义"的理想模式来描绘这种社会功能。在哈维的视野里，"空间正义"作为一种价值理念源于人的感性的实践活动，这种感性活动主要包括以下三个层面。

首先，空间正义作为一种价值理念在空间的实践。哈维认为，空间的真正本质是它的社会性，这种社会性附着在特定的物理景观上，并赋予其某种社会内涵，哈维认为："空间模式与道德秩序环环相扣，如果将'社会关系'及其所代表的社会性从其中抽离出去，这种'空间'就成为完全外在于人的现实世界的某种'抽象物'，它对作为主体的'人'而言，也就不再具有'价值'关系。"[①]

[①] 李春敏：《大卫·哈维的空间正义思想》，《哲学动态》2012年第4期。

第三章　城市公共大屏场景的基本特征与功能

城市公共大屏的公共空间之所以符合人们感性的实践活动目的，正在于城市公共大屏能够鼓励、吸引人们参与社会生活，提供私人领域无法给予的体验，使每个参与者都能够感受到自己在这个公共空间里的意义与价值，并在一定程度上对其拥有相同的理解背景和社会想象。从这个意义上来说，城市公共大屏所在的空间作为一种社会表达的"环境"，得了某种"社会定义"，从而体现了空间生产的社会价值。

其次，空间正义作为一种政治理念在空间实践。社会政治理念会通过特定的时空秩序来组织自己的"景观学"，这种景观本身象征着权力体系的运作，正是基于对这种空间秩序的维系，它成为解读社会关系的空间文本。城市公共大屏作为一种在公共场所传播信息的媒体平台，参与了国家意识形态的表达，从政治意义上而言，所有媒体都是党和政府的舆论喉舌，根本上是为国家和人民服务的。城市公共大屏作为一种影响范围极大的公共空间媒体，更应该体现为"关注民生，服务大众"的宗旨，这是社会正义作为一种政治理念在空间的实践。

最后，空间正义作为一种"空间乌托邦"的理想。哈维指出，"现实的乌托邦构想常常与某种空间形态相连，从荷马史诗《奥德赛》、柏拉图的《理想国》到莫尔的空想社会主义，'空间乌托邦'使对特定精神秩序和社会秩序的探索与表达找到了某种空间表达，并由此打开了对未来世界多种可能性方案的积极探寻"[①]。从这个意义而言，城市公共大屏作为一种乌托邦隐喻，体

---

① 李春敏：《大卫·哈维的空间正义思想》，《哲学动态》2012年第4期。

现了空间正义的完美形态。在这个人人共享的空间里，各个社会阶层平等而有序的生产和占有空间，使得城市公共大屏所在的公共空间作为一种有效的社会调节机制，它所构建的"空间乌托邦"为城市作为空间组织的理想样态和未来社会的良好基础，提供了一个集体思考和社会行为的参照体系，从而为谋求空间正义的目标提供了宝贵的契机。

二 文化功能：社会心理的文化嬗变

城市公共大屏场景的文化功能主要是指它潜移默化的改变和影响了社会文化心理。约翰·伯格（John Berger）在视觉文化的经典著作《观看之道》中指出："在历史上的任何社会形态中，都不曾有过如此集中的形象，如此强烈的视觉信息。"随着读图时代的到来，人类文化传播的方式由文本语言向视觉语言的转变，"以语言为中心的理性主义形态，日益转向以形象为中心，特别是以影像为中心的感性主义形态，这不但标志着一种文化形态的转变和形成，而且意味着人类思维范式的一种转换"①。

海德格尔等人早在20世纪30年代，就已经认识到了视觉文化的意义。"从本质上看来，世界图像并非意指一幅关于世界的图像，而是指世界被把握为图像了。"② 法国社会学家居伊·德波

---

① 翟志恒：《视觉文化的特征对数字媒体艺术的影响》，《艺术品鉴》2015年第3期。
② 孙周兴主编：《海德格尔选集》，上海三联书店1996年版，第899页。

第三章 城市公共大屏场景的基本特征与功能

（Guy Debord）将当代社会描述为"景观社会"，他指出，"在那些现代生产条件无所不在的社会中，生活的一切均呈现为景象的无穷积累。一切有生命的事物都转向了表征"。法国思想家鲍德里亚（Jean Baudrillard）则从哲学、社会学角度，提出了"超现实""仿真""拟像"等视觉文化范畴。

如今，我们越来越感觉生活在屏幕文化的包围下，通过屏幕来与世界间接地交流。面对城市大屏奇观凸显的现象，西方学者 L. Wallace 断言："我们城市的未来将是一个'屏幕世界'（screen-world）。"法国哲学家保罗·维瑞里奥认为，"视觉机器"的普及使"公共图像取代公共空间成为社会交往的途径，街道和公共建筑在屏幕面前黯然失色"①。

城市公共大屏无处不在的景象，默默的改变了一个社会的文化心理，形成了城市独特的视觉表征。城市中超大超高的空间尺度，令人惊奇的高速、炫目的灯光色彩，独特的空间构造，造就了当代都市先进、繁华、时尚的表象。它们既是实实在在的空间景象，是都市人群的现实视野，又是能够营造一定空间氛围和空间情感、具有虚幻的象征意义的空间符号。人们一方面对此景象深感疏离，另一方面又情不自禁欣赏。它们是"流行的、短暂的、消费性的、廉价的、大批量的、年轻的、诙谐的、性感的、巧妙的、美的和大商业性的"②，正如复旦大学陆晔教授指出的，以 LED 大屏幕为代表的户外电子媒介，它不仅具有新技术昭示的

---

① Virilio P., *The Vision Machine*, London: BFI, 1994: 64.
② 周宪：《视觉文化的消费社会学解析》，《社会学研究》2004 年第 5 期。

广阔的市场前景,而且在都市公共场所可能产生的文化意义也异常深远。①

三 审美功能:都市栖居的诗意存在

城市公共大屏见证了都市飞速变幻、日新月异的斑斓图景和场景变化,同时唤起了人们对于自身所栖居的城市空间的审美想象。

首先,城市形象审美。城市形象是城市认知的感官来源,是城市的"体形、面孔和气质",向公众直观、迅速地传达城市特征信息。城市形象作为城市意象的一部分,是城市客体在行为主体上的心理映射,为城市整体印象的形成提供心理基础。城市公共大屏作为城市形象的直观传达,从视觉上带给人们一种冲击力较强的画面感受,创造出一种覆满动态、闪烁、瞬时的城市美学,给观赏者留下了某种特定意义的城市印象,并使人们从这种印象中感知到这座城市的整体风貌,对城市形象产生直接的审美效果。

其次,城市意象审美。城市公共大屏不仅仅是城市画面的断片或转瞬即逝的场景浮现,随着城市公共大屏呈现的多重景观不断累积,人们对城市的感知不断丰富和深入,在人们心中将产生复杂的心理效应从而演化成各种带有文化暗示意义的城市意象。凯文·林奇认为,"环境意象具有可读性,城市是由一系列可认

---

① 陆晔:《户外电子媒介的文化意义与市场前景——以 LED 大屏幕为例》,《电视研究》2009 年第 10 期。

知的符号组成,是可以通过视觉领悟的相关联的形态"①。城市公共大屏作为一种高度艺术化、个性化的空间符号,是直观感受与经验记忆的共同产物,对城市意象产生间接的审美效果。

最后,城市意境审美。当城市中带有特定文化旨趣与影像概括力的意象融合在一起时,就能营造出某种特定的空间氛围和空间情感,城市的审美意境或氛围也就诞生了,它使人们对城市文化、习俗与精神风貌等综合图景产生想象。如同巴什拉在《空间的诗学》中对家宅空间的感受:"家宅是一种强大的融合力量,把人的思想、回忆和梦想融合在一起"②,"家宅是一种'灵魂的状态',即使它的外表被改造,它还是表达着内心的空间。"③ 城市的这种氛围使原本孤立的个体产生对城市文化的认同,寻找到一种类似"家"的归属感。

四 传播功能: 主流群体的媒介载体

传播学之父威尔伯·施拉姆指出:"媒介是人们传递信息符号的中介物,是一种物质实体。"城市公共大屏作为一种数字影像时代全新融合的屏幕实体,融合了高科技(Technology)、媒体内容(Media)和信息传输三者为一体,是信息科技与媒体产品紧密结合的产物。它的传播功能是通过它的科技性、媒介性和大

---

① [美] 凯文·林奇:《城市意象》,方益萍、何晓军译,华夏出版社2001年版。
② [法] 加斯东·巴什拉:《空间的诗学》,张逸婧译,上海译文出版社2009年版,第23页。
③ 同上。

众参与性来实现的。

  首先,城市公共大屏的科技性是实现传播功能的手段。传媒艺术的科技性指的是现代科技在介质、材料、手段、方法和传播方式等方面的深度介入①。城市大屏利用信息技术为依托,以文字、图像、声音、活动影像乃至表演为手段,显示出一种非物质形态的数据与信息文化的高科技形态,它凭借其实时性、交互性、体验性而实现了传播的深度介入。

  其次,城市公共大屏的媒介性是实现传播功能的前提。传媒艺术的媒介性指的是大众传媒的信息传播和社会动员等方面的功能特征在传媒艺术中的突出显现②。城市大屏作为一种公共媒体,为城市提供了一个集体思考和社会行为的参照体系,使人们在时间和空间上向心凝聚,在这个公共空间里,每个参与者都能肯定自己在场的意义与价值,作为一种社会动员媒介,构成了理想的空间组织样态和未来良好社会的基础。

  最后,城市公共大屏的大众参与性是实现传播功能的途径。传媒艺术的大众参与性指的是它体现出的更加积极、主动、庞大而深入的参与特征③。城市公共大屏不仅具有庞大的户外群体,而且可以发挥其大户外的冲击力和社交媒体的功能,凭借其话题性、引爆性、视觉感和冲击力,实现互联网与大屏幕的深层融合,通过互动和精准传播,吸引大众更加主动地参与到传播的过

---

  ① 刘俊:《论传媒艺术的科技性——传媒艺术特征论之一》,《现代传播》2015 年第 1 期。
  ② 同上。
  ③ 同上。

程中，实现人人皆媒体的时代。

　　城市公共大屏多处于都市繁荣商圈，人流量巨大，媒体覆盖人群众多，受众消费能力强，户外活动时间长，户外媒体的触媒时间也更长，因此与其他媒体形式相比，城市公共大屏拥有更有效的受众触达和更优质的受众人群等核心价值。

　　城市公共大屏媒体所覆盖的人群以其高知、高职、高质的传播受众为主。据易观国际《中国户外 LED 电子屏广告市场研究报告 2012》数据显示：户外 LED 大屏幕媒体受众中，大部分拥有稳定的工作，其中中高层管理人员占到 32%；大多数经历过良好的教育，大专以上文凭人群占比高达 74%；拥有较强的消费能力和成熟的决策权，月收入在 4000 元以上的受众占比高达 52%，月消费保持在 3000 元以上的人群占 32%，约为 1/3 人群，他们对金融、汽车、服装服饰、旅游、数码产品等产品较为关注。

　　从受众的接受度上看，消费者对户外 LED 大屏幕媒体接受度非常高，总体人群的接受度达到了 76%（见图 3.4）。

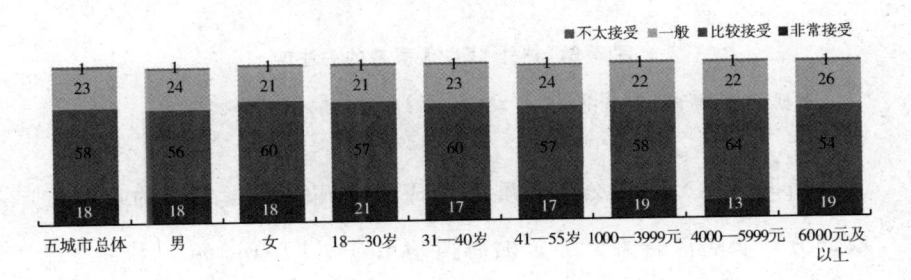

	不太接受	一般	比较接受	非常接受
五城市总体	1	23	58	18
男	1	24	56	18
女	1	21	60	18
18—30岁	1	21	57	21
31—40岁	1	23	60	17
41—55岁	1	24	57	17
1000—3999元	1	22	58	19
4000—5999元	1	22	64	13
6000元及以上	1	26	54	19

图 3.4　户外 LED 大屏幕的媒体接受度

数据来源：易观国际《中国户外 LED 电子屏广告市场研究报告 2012》

　　从受众喜好度上看，64% 的消费者喜欢户外 LED 大屏幕媒体

(见图3.5)。

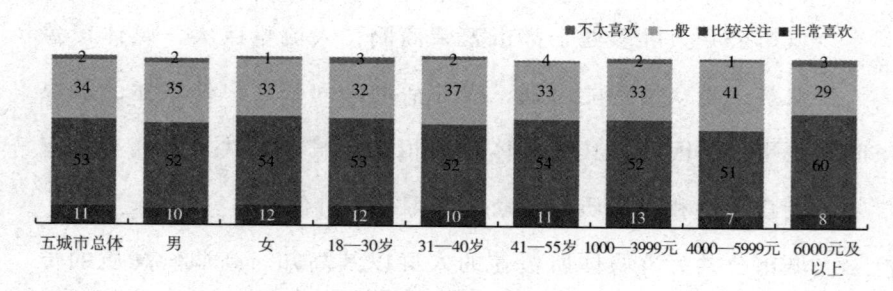

图3.5　户外LED大屏幕的媒体喜好度

数据来源：易观国际《中国户外LED电子屏广告市场研究报告2012》

从受众的关注度来看，57%的消费者关注户外LED大屏幕媒体（见图3.6）。

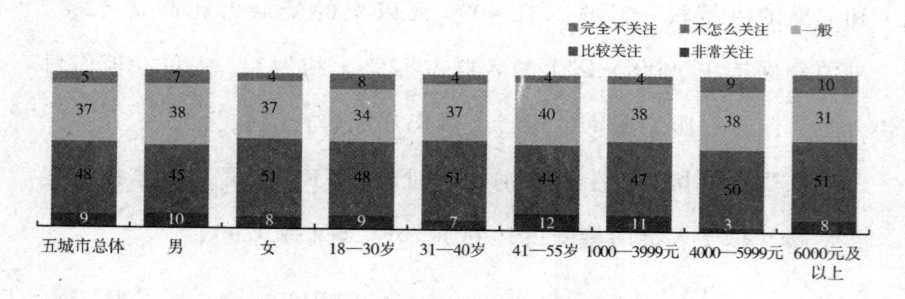

图3.6　户外LED大屏幕的关注度

数据来源：易观国际《中国户外LED电子屏广告市场研究报告2012》

由此可见，城市公共大屏已经成为中国传媒生态圈的重要构成部分。著名广告人大卫·伯恩斯坦（David Bernstein）说："户外媒体如同一位忠实的服务者，时刻担任着为你传播广告信息的任务。你不必担心它会偷懒，它也从不会感到厌倦。"城市公共大屏凭借其精彩纷呈的表现力以及新生媒介所拥有的非凡"印象力"，将成为未来最具成长性和发展潜力的优异媒体。

第四章

城市公共大屏场景的美学特征与价值

城市公共大屏作为一种新的传媒艺术，它是人类情感符号形式的创造；是人类认识自身本质、认识世界的过程；是人类建构的虚拟而真实的世界；是在交互体验中创造出来的；是所有审美感官被调动起来的沉浸式体验；是超越日常性生存，追求理想性生存的境界，为我们构筑起一个真实与想象、虚拟与现实、理性与感性并存的审美化的世界，最终实现由必然王国走向自由王国的艺术宗旨。

第一节 城市公共大屏场景的美学空间

自20世纪六七十年代以来，西方思想界、学术界开始重新审视空间。一直占主导地位的历史研究传统把"时间看作是充满生命力的、充满了动力、集体行为和社会意志，充满了社会发展的活力……空间则被看作是固定的、无生命的、僵死的，只是人类戏剧的背景或舞台"①。随着空间在城市生活中的凸显，新风格层出不穷，空间变化日益折射出一个社会的重大变迁，空间与社会生活、空间与个体生存、空间与审美，空间与权力、空间与生产等一系列问题引起了西方理论界的关注，在不同学科领域形成了一股"空间的转向"。

城市公共大屏正是伴随着这股"空间转向"在理论与现实的同步展开，凭借其大尺度，大规模的空间制造直接成为都市力量的象征。它既是日常生活的真实空间，又是社会交往的公共空间，同时还是都市体验的审美空间，构成了一个多重视阈美学空间。

一 真：日常生活的真实空间

美国社会学者雅各布斯认为，城市生活的本质在于它向居民提供各种活动的可能②。在城市公共空间的构建中，一项最重要的功能就是为城市居民的日常活动提供支持。城市生活的内容主要由生活、工作、购物，饮食、娱乐等构成，这些场所对应的生活空间轨迹是餐饮购物中心、商业广场、办公大楼、娱乐影院等。城市公共大屏往往占据了城市主流人群从事商务休闲、餐饮

---

① ［法］米歇尔·福柯：《不同空间的正文与上下文》，陈志梧译，载包亚明《后现代性与地理学的政治》，上海教育出版社2001年版，第22页。
② 王建国：《基于日常生活维度的城市公共空间研究——以南京老城三个公共空间为例》，《建筑学报》2008年第8期。

购物、工作外出等不可或缺的重要场所,作为城市日常生活的实体空间,它浓缩了城市居民日常生活的方式。不管一个人的时间和空间多么碎片化,但总要上班、回家、去吃饭、购物、看电影,生活空间其实并没有改变,城市公共大屏所在的"生活空间",构成了人们必经之路的唯一选择。作为一个生活化媒体的平台,它像是城市居民的日程表和提示标签,把传播内容植入受众的真实生活轨迹当中去,满足人们日常生活的需求。因而,它本质上就是一个"真实的生活空间"。

列斐伏尔把日常生活作为一种人的真实存在和活动的重要基础性概念理解,而且始终强调日常生活的异化问题,他认为当日常生活被神秘化之后,它的本真维度便被掩盖,取而代之的是日常生活的工具化,也就是异化。他主张"进行日常生活批判是恢复自我主体性的必由之路","把注意力放在生活的喜悦上",按照自己的需要创造出属于自己的生活空间。他还看到了都市化改革对人类的"日常生活化"所作的努力。从这个意义上而言,城市公共大屏作为都市日常生活中的真实存在空间,是日常空间和公共空间的统一,物质空间和精神空间的统一,它使日常生活冲突和解,实现了对异化的超越,使得人的"日常生活化"可能实现。

二 善:社会交往的公共空间

空间理论家曼纽尔·卡斯特说:"空间不是社会的反映,而是社会的表现。换言之,空间不是社会的拷贝,空间就是社会。"

列斐伏尔则将社会空间称为"再现的空间"。他认为"它既与社会生活的私密的或底层的一面相连"①,又充满了象征,是一种彻底开放的空间,同时又是人们生活的本真性的空间。一旦把空间视为社会产物,那么,空间的内涵也就得到根本性的扩展。空间不再是纯粹静止、客观、被动的物质空间,而是一个充满复杂性的、开放的、社会交往的公共空间。

城市公共大屏使人们在城市的交往打破了地域的区隔,将私人领域延伸至公众领域,将分散孤立的城市空间联合了起来,为人们提供了一个集体思考和社会行为的参照体系,作为一种解读社会关系的空间文本,城市公共大屏所在的公共空间不仅是维系城市的重要手段,也是人们在城市中居住的重要目的。这也恰恰是 J. Jacobs 所倡导的公共空间保持长久活跃的根源。

西方公共空间理论研究的三大先驱汉娜·阿伦特、哈贝马斯以及理查德·桑内特曾分别从不同角度阐释了公共空间的内涵。阿伦特从伦理的角度指出,人作为一种动物,天生处于公共的社会关系网络中,人的公共性构成人存在的条件。哈贝马斯从政治的角度,主张重建介于国家与市民社会之间,以参与性、平等性和理性对话为基本原则的资产阶级公共领域。公共权力的公开性、公共性与理性构成哈贝马斯公共领域的理想与追求目标。理查德·桑内特则是从文化的角度认为,私人领域对公共领域的叠加,使公共表达的系统变成了个人表述的系统,人们逐渐失去了

---

① [美]索亚:《第三空间——去往洛杉矶和其他真实和想象地方的旅程》,陆扬等译,上海教育出版社 2005 年版,第 83—88 页。

在公共空间进行交流和表达的能力,呈现为"公共人的衰落"的生活图景。不论何种路径的城市公共空间理论研究,其最重要的目标都是为了促进社会的交往与融合。当人们为了某种共同的目的聚集在一个公开场所,现实交往的公共领域就形成了。

城市公共空间最重要的功能体现为作为公共交往的场所,它将人们与特定的时空联系在一起,形成了城市空间所特有的精神财富,作为一种空间乌托邦,在这个人人共享的空间里,各个社会阶层平等而有序的生产和占有空间,这使得城市公共大屏所在的空间作为一种有效的社会调节机制,从而为特定的精神秩序和社会秩序找到了某种空间表达,体现出空间正义的完美形态。

三 美:都市体验的审美空间

城市公共大屏的审美空间主要是通过审美主体在城市大屏场景中获得的审美感觉、审美想象、审美情感、审美理解这几方面实现的。

(一)审美感觉:审美感觉与人的生命欲求、生命冲动直接相联

在审美活动中,审美感觉的"认识功能与其欲求功能(肉欲)浑然一体,它们是满足爱欲的,受快乐原则支配的"[1],它是

---

[1] [美]马尔库塞:《爱欲与文明》,黄勇等译,上海译文出版社1987年版,第133页。

人的生命欲求的最初、最直接的表现。在日常生活中，人的感觉通常都受感觉器官的支配，但在审美经验中，审美感觉具有的强烈主观性，能引起审美主体的愉悦兴奋。城市公共大屏作为覆盖在建筑表皮的"电子哥特"，光怪陆离的光影形成了最富冲击力的图景，人们在这样的"异度空间"中体会到全新的感官刺激。作为从传统城市空间，通向虚拟世界的视觉实验区，城市大屏在审美功能上不仅具有新媒介的一切特征，而且还在感官体验上战胜了它们，从而形成强烈的审美感觉与刺激。

（二）审美想象：审美想象是在情感的推动下产生的联想或想象

"在一切心理要素中，惟有想象才是推动审美过程中的美感沿着不断深入的航线进发的实在力量。"[1] 叶朗在《现代美学体系》中将想象分为联想和构想，其中联想"是指由一事物想到另一事物的心理过程"，构想是"把各种知觉心象和记忆心象重新化合，孕育成一个全新的心象，即审美意象，并激发起更深一层的情感反应"[2]。城市公共大屏正是通过这种审美想象和联想，来实现"精骛八极，心游万仞"的审美体验。其美轮美奂的场景，如梦如诗的画面，使审美主体在强烈的情感运动中，达到了一种对生命深层的感动和理解，从而获得一种高度的心灵自由。

---

[1] 庄志民：《审美心理的奥秘》，上海人民出版社1983年版，第148页。
[2] 叶朗：《现代美学体系》，北京大学出版社2004年版，第176—178页。

（三）审美情感：审美情感是审美活动中最为活跃的一个因素，在整个审美过程中始终处于一种积极主动的作用状态，直接影响着审美主体对于客体的发现、感受和领悟

如果离开了审美情感，也就没有了审美体验。同时，审美情感又是带有审美超现实性的主体心理活动，各式各样的复杂情感，悲伤、愤怒、喜悦、恐惧、怜悯、绝望……都能够构成审美主体的情感体验。在伦敦爆炸案发生一周之后，很多人聚集在伦敦街头的城市公共大屏前默哀三分钟，对逝者进行缅怀。当利物浦的一位士兵在伊拉克被谋害之后，众人自发集合在大显示屏前举行悼念仪式。城市大屏通过这种集体仪式的方式使人们获得普遍的审美情感共鸣。

（四）审美理解：审美理解是一种在长期生活实践基础上形成的主体高级心理能力，它不以科学的逻辑认识方式表现出来，但却渗透着理性的心理把握能力

它主要表现为主体对于对象形式意味的一种直觉把握，即"悟"，亦即通过审美主体自身独特的感受和体验，领悟到对象乃至整个宇宙和人生的普遍意义，从而使整个心灵受到震撼。所谓"灵心妙悟，感而遂通"。例如，为了呼吁大家关爱身边的人，在纽约和洛杉矶街道上设置了一个城市大屏，路过的人可以通过向屏幕画面插入耳机，听到画面中人物的秘密，这样行色匆匆的人就可以与画面中的人进行交流，表达对陌生人的关心，从而获得一种人与人之间的理解与关爱。

第二节　城市公共大屏场景的美学特征

一　"情感与形式"的符号美

苏珊·朗格认为艺术是人类的情感符号形式。朗格指出，艺术符号实质是人类内在情感的外化，是情感的符号，艺术作品与人们的感觉、理智和情感生活拥有同构的形式。苏珊·朗格说："艺术就是将人类情感呈现出来供人观赏，把人类情感转变为可见或可听的形式的一种符号手段。"①

从情感上来说，城市公共大屏是以一种符合人的属性的生命活动的载体而存在的。苏珊朗格认为，"活的生命形式"是一切优秀艺术的本质属性，它具有几个特征：（1）有机性。人作为生命体与周围环境发生联系的时候，必然将自己的生命形式向客体投射。（2）动态性。一种生命形式必然是永恒运动着的形式，生命机体犹如一条河，只有不断的流动才能成为"河"。（3）节奏性。朗格认为，在活的生命机体中，任何生命活动都是一种有节奏的活动，不同节奏的事物连接体。（4）生长性。每个生命体都要经历生长、发展和死亡的过程，这是自然界的规律②。

---

①　[美]苏珊·朗格：《情感与形式》，刘大基译，中国社会科学出版社1986年版，第8页。
②　李东皓、黎志涛：《苏珊朗格艺术符号美学理论对建筑设计的启示》，《山西建筑》2006年第9期。

城市公共大屏正是通过人性化设计来体现这种"活的生命形式"。例如，北京西翠娱乐中心的 GreenPix 幕墙的设计理念希望将建筑纳入"生命轮回"之中。从符号设计学的角度看，这个城市大屏设计的过程都可以被看作是一个超级符号系统的组合过程，这个复杂的超级符号系统中包含各种设计元素，它们都属于展示设计的技术信息层面，即物质形式层面。从情感传递的角度看，这块屏幕当遇到周边有人等热源活动时，幕墙色彩也会随之流动，建筑因此可以像活的生命一样，对天气和环境做出响应，使这块大屏幕自然地具有一种生命活动的能量。

图 4.1　北京西翠娱乐中心的 GreenPix 幕墙

二 "在场与去蔽"的功能美

"去蔽"源于古希腊的一个词 aletheia，原意为展现、揭示。在海德格尔看来，"去蔽"是允许物以自由之境逗留，为四重整体的存在带来敞开之境，从而能够"诗意的栖居"。海德格尔用它来表述真理之本质。真理就是把存在者从遮蔽状态中取出来，"去掉遮蔽的状态"、"敞亮"，在存在敞开的同时，也使存在者得到揭示，海德格尔称之为 Lichtung（澄明、林中空地）。

城市公共大屏作为现实当中的建筑空间，它以一种去蔽的方式，唤醒了人们丰富而强烈的存在感。它为一种敞开之境允诺了位置，提供了场所，而把人聚集起来，让一切物涌现，而人就在这物中间栖居。如同海德格尔在《筑·居·思》一文中写道："居住和建筑互为目的和手段""我们通过建筑来实现生存，生存实际上就是如何建筑。"当人们置身于梦幻般的大屏幕空间，一方面对此景象深感疏离，另一方面又深感它的亲近。它为人的逗留提供一个敞开的地带，使人在四重整体中通过栖居而存在，每个人都在逗留于这种无蔽领域之中，共同完成一种在场化的仪式。城市公共大屏不仅照亮了空间，而且将我们带回了空间，指引我们留意空间。例如，丹麦的 Aarhus 音乐厅采用了一种名为"Aarhus by Light"的多媒体立面，它用多个摄像头拍摄人在一个广场舞台上的动作，转化为光的剪影投射在建筑上。这个设计唤醒人们丰富而强烈的空间感，大大激发了路人的好奇心和表演欲，他们纷纷上阵，向广场上的公众展示

第四章 城市公共大屏场景的美学特征与价值

自己的舞蹈技能或肢体创意,从而创造了一个在场与去蔽的空间。

图 4.2 丹麦 Aarhus 音乐厅屏幕投影"光的表皮"

值得注意的是,城市公共大屏作为建立在计算机基础上的赛博空间、信息化空间、虚拟空间,技术的本质是去蔽的一种途径,但如果把技术的去蔽当作唯一的真理时,也就失之根本了。对于技术支撑之下的城市公共大屏,在呈现在场与去蔽的功能美的同时,还应该让技术的"去蔽"与艺术的"出场"同时发生,从而避免一头扎进技术,这恰恰可能使人遮蔽了存在本身。

三 "虚拟与现实"的空间美

随着数字技术的飞速发展,艺术有了更广阔的表现空间。在此之前，人们还不能将头脑里存在的各种幻想如愿地表达出来。数字媒体技术为艺术提供了一个无比丰富的想象空间，只要你能想到的任何场景，都能够逼真地展现在我们眼前，且符合我们的视觉感受。我们用虚拟的技术手段来诠释我们的真实世界，使我们眼前看到的与现实存在的客观对象无异。

诞生于数字媒体时代的城市公共大屏，便是数字媒体艺术创造的虚实共生的混合空间，是城市独有的另类空间，它一方面以"幻想空间的形式揭示所有真实空间更加幻觉的特征，另一方面，又以一种完美的、仔细安排的真实空间的形式以显示我们所处的空间"①。它既是真实存在于都市上空一道优美的风景线，又是一个"没有真实地点"却深入人心的虚幻空间。它使我们不仅可以用眼睛来把握空间，而且可以用身体来感受空间，同时又以一种虚幻的形式显现。在这里，虚拟世界以真实世界为参照，真实世界又通过虚拟世界得到精神的补充，正如海姆所言："虚拟实在承诺的，不是性能改进的吸尘器或更吸引人注意的通信媒体或更加友善的计算机界面，它所承诺的是圣杯。"② 城市公共大屏为我们提供了这样一个由虚拟和现实空间交织，真实与想象空间相伴随的林中空地，而这正是我们这个时代的艺术所呈现的本质与特征——虚实同一。

---

① ［美］米歇尔·福柯：《不同空间的正文与上下文》，陈志梧译，载包亚明《后现代性与地理学的政治》，上海教育出版社2001年版，第22页。
② ［美］迈克尔·海姆：《从界面到网络空间——虚拟实在的形而上学》，金吾伦、刘钢译，上海科技教育出版社2000年版，第128页。

四 "交往与互动"的交互美

美学家杜夫海纳对审美活动的交互主体性特征进行了深入研究。杜夫海纳认为，艺术作品是一个感性的情感结构，它揭示了主体与主体、情感与情感之间的交互关系，这是艺术作品区别于其他审美对象的根本不同。在杜夫海纳看来，"我们有权把审美对象作为准主体来对待，因为它是一个作者的作品。审美对象含有创造它的那个主体的主体性。主体在审美对象中表现自己，反过来，审美对象也表现主体"[①]。

城市公共大屏的主体交互性已经为越来越多地被设计师体验关注，它使艺术家、欣赏者共同构成了大屏幕装置艺术中的审美主体，作品则成为"准主体"，审美交互主体性通过多个主体的不同交往形态得以体现。大屏幕的交互设计使审美主体之间的交往变为可能，在审美活动中，能够依据审美主体的意愿而展现交互行为，进而发展为构想一个全新的世界。城市公共大屏的这种交互性在数字媒体艺术中得到了广泛的应用。例如，Unilever 与 SSEIS 合作，共同打造了一次现实增强的宣传活动。围观群众现场尝试这种特殊的喷雾产品的效果，利用大型 LED 屏幕，参与者可以与虚拟角色实时拍照和录像。

---

① [法]杜夫海纳：《审美经验现象学》，韩树站译，文化艺术出版社 1992 年版，第 232 页。

图 4.3 阿根廷 Unilever AR 互动大屏幕

五 "沉浸与体验"的感知美

　　艺术从本质上讲是一种观念、思维和情感交流的活动。沉浸式艺术则是以更加自然、和谐的交互方式、更新颖的艺术表现形式，实现对感性的追求和感性的完善，这与艺术创造的宗旨不谋而合。城市公共大屏艺术恰恰是人类力图借助虚拟现实技术和多通道沉浸交互技术实现情感交流和思想沟通的努力。

　　城市公共大屏可以借助多维感官实现即时交互以达到全身心的融入、沉浸和情感交流的目的，从而使人们获得一种真实的"沉浸式"深度体验。如果说之前的媒介技术无法做到让身体进行跨时空的交流，而只能在脑海中幻想"在场"形态的话，那么，城市公共大屏则可以使身体跨越时空实现"在场"交流。就像有学者描述的"亲身传播的在场效应是指信息传受双方面对面即时互动交流时，因所有信息通道的开放而形成的全息效应。全息效应来自交流双方身体感官信息的全息传播、全息接收与全息互动"①。城市公共大屏的沉浸式审美体验正逐步渗入当代人们的审美体验与感性追求中，使人们实现一种全方位、多感知的沉浸式的交流境界。例如，在上海淮海中路上演的凌仕香氛户外广告创意运用了增强现实技术。这个广告的设计是让每一位游客站在一块大屏幕的踏板前，游客喷过香氛后屏幕上就会出现一个虚拟的天使，同时通过踏板的传感器定位来确定游客的位置，然后天使与游客就会产生一场有趣的互动，这种虚拟化技术让游客真实的体验了一回与天使的邂逅，在现实世界的基础上再造了一个世界。

六 "自由与超越"的精神美

审美超越是让个体生命自由自觉的全面开展，它使我们的生命和价值受到肯定，在审美超越中通过意义的重新赋予，进入一个全新的人生境界，这是审美超越所建构的审美境界，是一种诗化了的人生境界。审美超越揭示了审美活动的本质，审美活动本

---

① 陈月华：《传播：从身体的界面到界面的身体》，《自然辩证法研究》2005年第3期。

身确实是一种对于人有限性生命状态的超越，它所展现出的是人与世界的本真联系，它使人们从有各种概念组成的日常的生活中跳脱出来，直面世界的本真，以其自由性、全面性和超越性，向我们敞开了一个丰盈的充满生气的世界，使我们超越了日常生活状态，得到一种审美的愉悦与自由。

城市公共大屏使我们突破了现实时空的条件，超越现实意义的审美空间，创造出一种自由的、全面的、超越的审美体验。如果你去过上海世博会的沙特馆，一定会被它的环形巨幕震惊。沙特馆内的城市公共大屏使参观者仿佛置身于一个巨大的碗中，各种景象纷至沓来，从美丽的几何图案到斑斓的深海奇景，俯瞰城市公共大屏，每一秒都发生着神奇的变化，朵朵白云朝身边涌来，忽而跃入深海，忽而飞越沙漠，让人充分感受到了沙特充满挑战的自然环境及其独特的文化魅力。城市大屏不仅带给我们一种感官和心理层面的审美体验，更是情感精神上的审美超越。正如朱立元教授所指出的，"审美超越的独特性质在于内心的无限自由，使人的审美超越成为了远高于科学超越、哲学超越乃至宗教超越的一种超越形式，……它源自内心无限自由对外在有限自由的超越"。[①]

---

① 朱立元：《论审美超越》，《文艺研究》2007年第4期。

第三节 城市公共大屏场景的美学价值

城市公共大屏场景的美学价值主要表现在四个方面：一是使人们获得"感性认识"；二是满足人们的"感性需要"；三是丰富人的"感性活动"；四是构筑人的"感性世界"。其中"感性认识"涉及审美感官；"感性需要"涉及审美心理；"感性活动"涉及审美实践；"感性世界"涉及审美理想。因此，城市公共大屏场景的美学追求是以感性认知为出发点，以感性需要为驱动力，以感性活动为核心内容，以感性世界为目的的一幅现实可感的图景。

一 获得人的"感性认识"

感性认识根基于人的生理器官和心理机能。它包括了人的感受、体会、记忆等，密切地联系着人的情感状态、价值判断和生存体验。感性认识的对象是人类活动的场景，是各种复杂的现实生活。马克思在《手稿》中指出："只是由于人的本质的客观地展开的丰富性，主体的、人的感性的丰富性，如有音乐感的耳朵，能感受形象的眼睛，总之，那些能成为人的享受的感觉，即确证自己人的本质力量的感觉，才一部分发展起来，一部分产生出来。"[①] 可

---

① 王向峰：《马克思〈手稿〉中的美感深化论》，《锦州师范学院学报》（哲学社会科学版）2003年第1期。

见，感性认识是对客观世界的把握，同时也是人的主体力量的确证。

城市公共大屏艺术的美学价值首先表现为使人们获得感性认识。它是主体对当下自身所处场景的一种体认，即基于人的生理官能的这个"感性"作为"人的全部生存的确证"。这种"感觉本能"是人与世界建立连接的一个纽带。因此，从感性认识的这一层面上看，场景时代的城市大屏首先充分满足了人们的这种"感觉的实践器官"的需要，建立起了针对观众的感性认识，提供各种感觉来创造感官体验，通过更多的感官刺激让受众感受到愉快、兴奋与美感。城市大屏所提供的感性认识并非只是对外部对象世界的感觉，它在担当对外界的认知和感知的同时，还使人的本质力量得到肯定和确证。感性认识感触着世界，体验着生存。

二 满足人的"感性需要"

感性需要是指人的现实生存的需要，它表现为人作为个体生存的生理需要和作为社会生存的心理需要。马克思认为，一方面，感性需要的满足是人活着的必然要件，另一方面，感性需要还是维持社会角色和社会归属的精神需要。这种超出生理需求的需要直接关系到人的基本利益，而且，只有这种精神性的高级需要，才是真正的人的需要。

城市公共大屏艺术的美学体验符合人的感性需要。它不仅满足了人的生理感官需要，而且表达了具有社会特征的人的需要，在很大程度上是与人的本能需要和社会需要联系在一起的。城市公共大屏满足了人们在公共空间里的聚集、交换、观看、交往的需要，实现了与他人沟通的需要、社会关系定位的需要，自我归属以及自我价值确认的需要，还包括情感表达与共鸣的需要，审美的需要，等等，从而满足了人深层次的感性需要。

三 丰富人的"感性活动"

感性活动是人作为主体的对象性的活动。人的现实存在就是"感性的活动"。马克思认为"感性活动"，即人的社会性的生存活动，构成了人与动物的本能活动严格的区别。这里的"感性活动"其实就是"实践活动"。

城市公共大屏为人们提供了各种丰富多样的文化、休闲、娱乐的社会活动，使得不同的社会成员能够聚集在一起。在这里，个体进行着各种感性活动的实践，去追求各种感官和情感体验。城市大屏带给人们带来了一种丰富、多彩、深刻的生命体验，使得城市不再仅仅是为工作和生活而存在，而成为一种以感性活动为宗旨的生活场景（A Scene），它像是一个集各种文化符号和价值观念为一体的混合场域，由希望（Wishes）、欲望（Desires）和梦想（Dreams）构成，从人的感官、情感、思考、行动等方面出发，营造出让人难以忘记的生命体验，从而丰富了人们的感性活动。

四 构筑人的"感性世界"

感性世界作为场景时代的本质面貌,它是一个以感性需要为驱动、感性活动为主要内容、感性认识为实现条件的现实世界。从这个世界出发就是从感性世界出发,马克思深刻地指出,这个"世界"必然是实际的"感性世界"。在马克思的感性理论当中,人及其与世界的关系只有放到感性活动中方能得到正确的理解。感性世界"即能够被人感觉到的和生活着的世界",它是对于人自身存在境域的直接感知。

城市公共大屏作为一种具体而现实的感性方式,追求的正是这样一个感性的、生动的、丰富的、鲜活的感性世界,人在其中的生存是从审美的角度进行展开,如同海德格尔所言:"就美最真实的本质而言,它是在感性王国中最闪亮光辉的东西,……正是在走向存在的路上,人被解放了。"[①] 城市公共大屏向我们展现了一个充盈生机的无限可能的感性世界,从而创造出一种自由的、全面的、超越的审美理想世界。

2017年中秋佳节"超级月亮"大屏赏月活动从以上四个方面,充分体现出城市公共大屏场景的美学价值。这次中秋赏月活动以北京世贸天阶城市大屏为主场,同时在中汇广场(东四十条桥)、富力广场(双井桥)、来福士(东直门)、王府井工美大厦、丰联广场(朝阳门外)6处城市大屏现场直播"超级月亮"赏月

---

① [德]海德格尔:《尼采》,孙周兴译,商务印书馆2002年版,第108页。

第四章 城市公共大屏场景的美学特征与价值

活动。为了使人们对神秘的中秋满月现象有一个"感性认识",这次活动利用专业天文设备将震撼的满月景象以及难得一见的月表、环形山、月海等天文景观采集下来,以近距离超高清形式在大屏幕上实时呈现一轮"超级月亮",令身处各大屏现场的观众,不仅能够用肉眼直接观赏到最具视觉冲击的天文级月球画面,而且还可以同步观赏到中秋圆月从升起到天顶的全过程,充分满足了人们的"感性需要"。活动当晚,世贸天阶活动现场的观众还加入了直播互动,为亲朋好友送去中秋的祝福,直播画面即刻在世贸天阶城市电视大屏上实时展现,让在场观众体验到十足的参与感,通过"北京时间"观看此次"超级月亮"活动的网络直播点击量逾50万人次,极大地丰富了人们的"感性活动"。中秋节当晚,数千人来到了北京世贸天阶活动现场观看了城市电视"超

图4.4 北京世贸天阶大屏幕直播"超级月亮"赏月活动

级月亮"慢直播，大批观众在世贸天阶大屏下驻足拍照记录下震撼的一幕，为我们构筑了一个现实可感的感性世界。

图 4.5　北京世贸天阶大屏幕"超级月亮"赏月活动现场

　　城市公共大屏场景满足了新感性时代的需要，它使得虚拟感性与现实感性相互交织，它为我们构筑起一个真实与想象、情感与形式、叙事与节奏、在场与去蔽、虚拟与现实、交往与互动、沉浸与体验、自由与超越的审美世界，实现了人们对"真"（日常生活的真实空间）、"善"（社会交往的公共空间）、"美"（都市体验的审美空间）的审美价值追求。人类的审美体验将会随着传媒艺术场景的变革，变得更为丰富、深刻、全面，人类将真正走向一个以追求人的感性丰富与完善的场景体验时代。

运用篇

城市公共大屏场景实践运用

"场景设计不能独立而总是要特定的指向表演本身,去掉演员、观众等任何一个因素后的空间都不能算是真正意义上的'场景'。场景需要人去激发其中的潜能,一切悬而未决的因素都在人进入到这个神圣的空间时具有了动态的张力,找到了自身的位置,……我们就是要找到这些位置和张力,它们才是场景设计的要旨。"

——摘自 Robert Edmond Jones《戏剧性想象》

第五章

城市公共大屏场景的设计理念与内容

优秀的城市公共大屏场景设计不仅仅考虑物理活动的空间背景,而且还会在文化或现实情景空间进行视觉的构建,当这种视觉建构能反映活动的本质,场景,情节以及包含的深层含意,就会有助于空间主体获得全方位的体验和感悟。所以场景设计既是现实性的,又是象征性的,可以真实的再现,也可以从想象中获得,有时会主导了整个空间。意识到各种元素在空间中都会发挥作用,这对新阐释城市公共大屏的当代发展,具有重要的实践意义。

第一节 城市公共大屏场景的设计理念

一 空间转向视域下的视觉修辞文本

自 20 世纪六七十年代以来,西方思想界、学术界开始重新审视空间。一直占主导地位的历史研究传统把"时间看作是充满生命力的、充满了动力、集体行为和社会意志,充满了社会发展的活力……空间则被看做是固定的、无生命的、僵死的,只是人类戏剧的背景或舞台"。① 随着空间在城市生活中的凸显,新风格层出不穷,空间变化日益折射出一个社会的重大变迁,空间与社会生活、空间与个体生存、空间与审美,空间与权力、空间与生产等一系列问题引起了西方理论界的关注。在修辞学理论研究中,视觉修辞所关注的文本形态不再仅仅限制于图像文本对象,而且逐渐拓展到诸如广场、会展、博物馆、游乐园等公共空间的设计与构造,成为我们理解空间结构、功能与生产逻辑的空间文本修辞。这些空间文本给公众呈现了一个体验式的、沉浸式的视觉景观,而且往往携带着非常复杂的劝服欲望和修辞目的,正如海德格尔在《筑·居·思》文中写道:"居住和建筑互为目的和手段"、"我们通过建筑来实现生存,生存实际上就是如何建筑"②,

---

① [美]詹姆逊:《后现代主义与文化理论》,唐小兵译,北京大学出版社 1997 年版,第 243 页。
② [德]海德格尔:《筑·居·思》,孙周兴选编《海德格尔选集》,上海三联书店 1996 年版。

海德格尔"诗意栖居"的背后,恰是面向学界普遍关注的空间文本视觉修辞的命题。

将空间文本作为视觉修辞的对象,经历了一个从传统到现代的修辞学理论范式的转变。如果说传统修辞学关注的对象是文字语言,那么,新修辞学则开始关注符号沟通实践中的一切物质对象,从而推进了视觉修辞研究的"实物修辞"转向。其代表人物是美国修辞学家肯尼斯·伯克(Kenneth Burke)。视觉修辞的研究范畴也不再局限于图像修辞方面,而是尝试回应现实空间中的诸多视觉实体。从而极大地拓展了视觉修辞研究的文本范畴。除了静态的空间研究,视觉修辞关注的空间文本进一步延伸到广场、展会、庆典、仪式等更大的公共空间范畴。

作为一种空间化的叙事文本,城市公共大屏幕构成了视觉修辞研究的重要文本形态。如何在视觉修辞的操作方法上研究城市大屏幕空间文本,围绕城市大屏幕场景的设计,提供了一个可供借鉴的通往空间文本的视觉修辞方法与路径。当我们将城市大屏幕所在的公共空间视为一个空间生产的视觉文本,空间修辞则体现为一个深刻的实践问题。城市大屏幕公共空间承载了许多关于空间的认知与想象,也携带了许多超出美学意义之外的现实使命,需要我们重新思考城市公共大屏幕场景与视觉修辞的策略。

二 城市公共大屏的场景设计模式

墨尔本大学的司各特·麦奎尔(Scott McQuire)根据 BBC 大屏幕播放 2012 年伦敦奥运会时的情况,对大屏幕的场景进行了分

运用篇 城市公共大屏场景实践运用

类考察,提出了两种场景模式。即,当观众通过大屏幕对事件予以紧密关注时,大屏幕会呈现为"事件模式"(event mode);当观众是流动的,并且容易从大屏幕上转移注意力时,就呈现为"环境模式"(ambient mode)。区分不同的大屏幕场景有利于我们针对不同的情景和受众特点,制作和安排播放大屏幕的内容,从而实现大屏幕场景效果的合理设计。根据 Scott McQuire 教授对城市公共大屏模式的划分,我们可将城市公共大屏场景的不同模式特点概括如下表:

城市公共大屏场景功能模式分析

	环境模式功能	事件模式功能
大屏与周边环境关系	大屏作为环境背景	大屏作为环境主体
大屏公共空间活跃度	公共空间活跃度低	公共空间活跃度高
内容关注度	关注度低	关注度高
声音和画面特点	声音忽略,以图片为主	声音良好,以动态视频为主
播放内容	商业广告为主	公共服务等内容

(一)环境模式:表层功能

当城市公共大屏处于环境模式下,它与周边环境融为一体,人们不会刻意观看,甚至意识不到它的存在,即使有人观看,也是一种瞬时印象,很少有专门观看或深入观看的受众,因而,播放的内容有很多会以连贯性较差的图片展示为主,声音也不像其他视听媒体那样发挥作用,几乎被忽略。城市大屏作为一种环境模式,构成了城市公共空间的环境景观要素。如笔者曾到上海徐家汇港汇恒隆广场城市公共大屏实地调研发现,这块坐落于上海最繁华的商业中心——徐家汇商圈的大屏幕,绝大多数时候是作为城市的背景而发挥环境模式的功能。正如威尼斯政府所言：它们既不丑，也不美，只是很必要。

图 5.1　上海徐家汇港汇恒隆广场城市大屏（图片自拍）

（二）事件模式：深层功能

当城市公共大屏处于事件模式下，呈现出"事件性文化"的特征。城市公共大屏幕通过重大新闻的直播、体育赛事的转播、节日庆典活动以及公共主题活动的举办，设置这些公共话题，吸引公众纷纷聚集,从而将消极的城市空间转变为积极的公共空间。Jan Gehl 曾将人在的户外活动按需求层次分为三种类型:必要性活动、自发性活动和社会性活动。其中后两者主要依赖于城市公共空间所提供的活动场景。例如,花城广场的 CREATOR 快捷巨型户外全彩 LED 显示屏很好地发挥了事件模式的场景功能。作为国内首个户外真实像素分辨率最高的城市公共大屏,其超亮、高清的画面,气势恢弘、绚丽多彩的屏幕景观,使它成为花城广场一道靓丽的风景线。在亚运会期间,作为广州亚运会信息发布网点之一,在亚运会召开的 16 天里,24 小时不间断直播中央电视台 23 个场馆每天举行超过 100 多场亚运赛事节目,每天汇集百万游客的目光关注亚运赛事,使人们在共同的呐喊和欢呼中经历了这一重大事件。

图 5.2 花城广场的 CREATOR 快捷巨型户外全彩 LED 显示屏

可见,从城市公共大屏场景的功能来说,城市公共大屏的环境模式并不能真正激活城市公共空间的活力,观众的关注率低,城市公共大屏只是作为城市的背景，起到扮靓城市的目的，而无法影响城市居民的生活方式和交往方式，跟自身所在的城市无法形成一种深刻的认同感和归属感，因此，仍属于浅层功能的运用。而只有当城市公共大屏幕处于事件模式，它才能成为空间的主导，最大程度的使分散的、孤立的城市空间凝聚成为一个积极、共享的交往空间，从而提升城市公共空间的品质，改变人们在公共空间交往的模式，达到深层次功能的运用；换言之，城市公共大屏幕场景发挥作用的大小，很多时候依赖其功能模式的使用。

三 城市公共大屏场景设计的风格

（一）城市公共大屏场景设计的现实主义风格

城市公共大屏现实主义场景风格是以现实生活与现实场景作为对象，来表现和关注人们真实生存的状态。真实是现实主义的第一原则，所以现实主义风格的城市大屏场景设计必须符合场景发生的地点、时代、人物活动的要求、环境的真实性。城市大屏艺术的现实风格来自现实场景，是对现实生活场景的高度概括化，让场景具有一种典型的时代特色、文化特色与个性特色，从而更好地服务于受众，让受众感受到自己与城市大屏幕呈现的生活场景息息相关，而沉浸在真实生活的演绎之中。例如，澳大利亚墨尔本联邦广场的两块大屏幕。每天除播放 ABC 与 SBS 两大广播电视的新闻节目外，还有包含文化节、展览、论坛、音乐会、表演、教育等各种影视艺术的播放以及每年超过两千个的广场活动事件的同步直播，构成了户外广场的"公共电视网络"（FED

TV），著名的广告语"Pull up a deck-chair and enjoy ourfree screen program"（可译为"拉来一个躺椅来享受我们的免费屏幕计划"）使其大屏幕功能昭然若揭。

图 5.3 澳大利亚墨尔本联邦广场城市公共大屏幕

（二）城市公共大屏的现代主义场景风格

城市公共大屏的现代主义场景设计要求屏幕场景设计必须是一种现代主义的场景美学风格。现实主义风格的场景设计，一定要为人物活动提供时空场所，而现代主义风格的场景反对透视的传统空间法则，更注重内在世界和内在心理，主要内涵是表现一种感觉，一种情绪的传统，一种带有主观观念情绪的思考，就像现代主义电影，打破了仅仅再现和叙述客观事物的传统镜头语言

第五章　城市公共大屏场景的设计理念与内容

的传统，呈现为非叙事化、非情节化，具有一定的象征意义。现代主义场景设计还非常注重理性主义和创造主义相互结合，如建筑设计中的立体主义设计。立体化可以将场景的时空予以解析重构和综合处理，对平面结构的分析组合规律化、体系化。在城市大屏幕的场景设计中，可以根据大屏幕的风格与内容的需要，其建筑与环境设计完全可以以抽象的立体主义风格予以表现。如广州花城广场第二少年宫墙外的 LED 异型大屏幕，整个屏体面积达 481 平方米，实际显示面积为 460 平方米，是目前为止广州亚运最大的异型屏。平时，向市民播放广州城市宣传片，纪录短片以及各行业的宣传片和相关政府政策以及城市天气、交通等信息。吸引了数万游客和专业人士驻足观赏，合影留念，也纷纷对广州第二少年宫 LED 大屏播放效果表示赞赏。

图 5.4　广州花城广场第二少年宫墙外的 LED 异型大屏幕

（三）城市公共大屏的后现代主义场景风格

后现代主义风格则"是以一种无深度的、无中心的、无根据的、自我反思的、游戏的、模拟的、折中主义的、多元主义的艺术反映这个时代性变化的某些方面，这种艺术模糊了'高雅'和'大众'文化之间，以及艺术和日常经验之间的界限"。因此，在后现代主义场景设计中，通常是以一种"游戏主义、拼贴主义及消费主义"的设计立场和设计理念来颠覆现代主义的设计。例如，北京中关村天使汇电子屏惊现一则弹幕广告。在这块超大LED户外显示屏上不时滚动出评论文字，"我的屏幕我主宰""打个广告还自带评论，我也是醉了"等，并能与观众进行评论互动，弹幕广告形式新颖，非常有趣，源于网站上的弹幕广告。如今弹幕形式被引入户外广告，标识着以后现代主义风格为特色的非主流文化已经在为户外场景体验中得到显现。

四　城市公共大屏场景设计的结构

城市公共大屏从空间的角度考虑并不一定有固定的形式，但用清晰的结构表达场景的承转起合，确是众多建筑师追求的空间意向。场景与戏剧的关系密切，因此，用戏剧艺术的结构体系来分析空间塑造是可行的。一个较为完整的戏剧场景结构通常包括：聚集、转换、发展、冲突、高潮、谢幕。城市大屏的场景结构也可以从这几方面进行合理安排，充分展示大屏的魅力。

第五章 城市公共大屏场景的设计理念与内容

(一) 积聚

古希腊人以"Proagon"(前奏"pre—action")作为戏剧的开始,剧作家和演员会被邀请参加大型的公众会议,讨论关于上演戏剧的题材和内容。在开端中我们经常得到对于过去、现在和将来的相关信息,并通常以"对话"的形式来传达。同样,城市公共大屏幕如何吸引人们前来参观或使用是首要任务,通过一系列形式方面的手段强化空间意向,让使用者有相应的准备进入此环境。同时空间过渡地自然还是剧烈都会对使用者的感受产生作用,影响空间的表意。

(二) 转换

观众聚集后,大屏幕需要一个从日常生活转化到"戏剧化"空间的过程。一般来说,宏大的建筑体量、特殊的空间形态都可以成为转换空间的条件。城市大屏幕作为一种高度艺术化、技术化的空间形态,可以通过特定的主题,凭借自身独特的形式和空间语言来引导观众关注,将设计师的意念和主旨传达给观众,从而完成这种转换的过程。

(三) 发展

发展意味着参观者体验的进程,是对主体空间的铺垫,对场景的空间感受起到推动作用。大屏幕应有自身独特的形式和空间语言来引导使用者的行动,从而将设计师对空间的意念和主旨传达给观众,人们在好奇心的作用下感受跌宕起伏的表达设计的意义，继续着他们的精神之旅。

（四）冲突

矛盾和冲突构建了大屏幕"剧情"不断发展的动力和前提。在大屏幕场景设计中，冲突表现在元素组合的自由性和意外性，能够打破固定的视觉效果并对原有含义进行重新解释，观众在观看"思考"的同时也是陷入冲突的过程。对于屏幕空间来说，最终没有解决现实的矛盾是有违于功能主义本质的。

（五）高潮

高潮是使用者对该屏幕全方位的体验，最为集中和强烈。人们在感受到高潮的过程中增加了对设计师意图的认识，设计师也能够通过这个过程将自身对于空间的思考传达给观众。这个过程任何元素都有可能作为传达功能的手段和媒介，从屏幕陈设、装修布置，到视线层次、空间组织，任何方面都可以是屏幕设计的重心。

（六）尾声

尾声表达了高潮所引发的情感逐渐平息，尾声也需要表达对冲突的暗示。大屏幕空间可以通过从连续的昏暗狭小的屏幕空间过渡到宽敞明亮的屏幕空间，从持续喧嚣浮躁的环境到平和宁静的场所，在这里有可能体验终止，也可能又是进入下一个情节的提示。

第五章　城市公共大屏场景的设计理念与内容

（七）谢幕

一般意义上的谢幕，也可以成为观众认识真实状态中的扮演者的两重性，在此过程中，观众体验到剧情和生活本身的双重性，带着问题和思考回到现实世界，当使用者经过一系列设计的空间体验后，其心境应该经受思考的洗礼。现实生活中无论是"有趣"还是"好用"等类似的评价，都是对屏幕空间形式与功能的检验。

图 5.5　华盛顿国家广场大屏幕奥巴马就职典礼现场

以华盛顿国家广场举行奥巴马就职典礼的城市广场大屏幕场景设计结构为例。华盛顿国家广场全长 3.5 公里，仪式现场的观众据估计有 180 万。沿活动场地布置了 9 面大屏幕，同步直播仪式过程。这几块大屏幕通过一个完整的场景结构的设计，从聚集、转换、发展、冲突、高潮、尾声、谢幕将图像和声音逐层传递出去，让不论处在多远的观众都有一种临场感。传统公共集会的效果一般会受到空间距离的影响，而这些大屏幕使得观众仍然置身于活动现场的延伸范围，能够体会现场的气氛，从而获得一样的场所认同。因此可以想象，如果没有这些大屏幕，几乎不可能组织起如此规模的典礼。

第二节 城市公共大屏场景的设计内容

美国著名城市学者 Whyte 认为，"好空间"的一个标准就是供给创造需求。衡量城市公共大屏所在的空间是否符合 Whyte 所认为的"好空间"还取决于它能为人们提供什么，人们的需要是否获得满足。如果将大屏幕看作具有一定功能的公共设施，那么，随着大屏幕内容的变化，人们进入该空间的目的也会相应地发生变化。当城市公共大屏幕提供的场景内容具有某种吸引力，它就能够吸引人们进入这个空间，并使人们的一系列活动围绕它展开；当城市公共大屏幕场景内容缺乏某种吸引力，它就退居成为空间的可有可无的背景，被大部分熟视无睹。换言之，一个装置了城市公共大屏的城市公共空间，被使用的方式呈现出高度的场景内容依赖性。

一 公共服务内容

城市公共大屏是设置于城市公共空间面向公众传播公共信息

第五章　城市公共大屏场景的设计理念与内容

的媒体平台，从内容生产上看，应包括公共信息发布、生活服务、城市危机事件、重大时事与文体活动的实时转播及宣传等方面的内容，体现出"关注民生，服务大众"的传播宗旨。如北京世贸天阶城大屏幕每天都会滚动播出《城市播报》《实时财经》《体育新闻》《娱乐新闻》等各类公共服务内容，满足户外人群对这类信息的及时需求。

图 5.6　（组图）北京世贸天阶商业中心街 LED 屏幕（图片自拍）

二　政府信息发布

我国的新闻媒体是党和政府的舆论宣传阵地，是党和政府的喉舌，担负着引领社会舆论的职责，城市公共大屏作为公众媒

121

体，也应担负起舆情传达与信息播报的功能。如华南地区最大的户外媒体机构——南方报业 LED 联播网是全国第一个率先推出新闻联播的户外媒体。其品牌栏目"南方快讯"的新闻内容以高端、重要的时政、民生及重大突发事件的要闻为主，以新、特、快的微新闻特色和服务民生的特色体现 LED 微新闻及凸显视觉冲击力的特点。其中，"今日头条"板块选播国内外最重要的时政要闻的；"南方要闻"板块选播南方报业各报系刊网的要闻的；"今日关注"板块播出当地重要的民生新闻的。南方报业 LED 联播网由此形成了全新的"公益+新闻+信息+广告"的户外媒体传播模式，争做中国户外 LED 新闻资讯联网播出第一品牌。

图 5.7 南方报业 LED 联播网《南方快讯》栏目两会报道

第五章 城市公共大屏场景的设计理念与内容

三 形象宣传推广

城市公共大屏作为形象展示的传播平台，是塑造城市地域身份或文化认同不可缺少的场景因素，通过播放城市形象宣传片等内容，可以将一个城市的理念、文化特征、精神风貌以及城市定位等方面转化为直观的符号，形象生动地传达出来。如2011年1月17日中国国家形象宣传片《人物篇》在纽约时报广场大屏幕播出；之后，山东城市形象宣传片"孔子作揖行礼""孔庙"符号；苏州城市形象片的"园林""刺绣"符号；甘肃形象宣传片"丝绸之路""敦煌莫高窟"符号纷纷亮相于纽约时报广场的"中国屏"；2013年9月1日，中国人民大学形象片亮相纽约时报广场纳斯达克大屏幕，这也是中国高校首次以这种方式向世界展示自己。

图 5.8 纽约时报广场城市大屏幕播放中国国家形象宣传片人物篇

四　重大节日庆祝

城市公共大屏可以营造重大节日庆祝的气氛，创造更好的户外场景体验，从而营造人们对集体生活的美好感受。如2008年奥运会、2009年年底的全运会、2010年上海世博会、2010年广州亚运会、2010年世界杯、2011年深圳世界大学生运动会、2012年伦敦奥运会等各项重要赛事都曾利用城市大屏媒体来庆祝。笔者曾目睹北京市某高校就在60周年校庆的时候，利用城市大屏播放校庆晚会的演出，吸引了众多驻守在大屏幕前的学生欢呼雀跃，共同庆祝这一值得纪念的重大活动。

图5.9　某高校利用城市大屏举行的60周年校庆活动（图片自拍）

五 商业广告营销

目前,城市公共大屏传播的主要内容仍是以播放商业广告为主,这是由绝大多数城市大屏属于私营性质决定的,与广播电视等公共服务媒体相比,它明显表现为以商业销售为目的,构筑了城市独特的消费体验场景。如2013年新春伊始,可口可乐公司的新年互动舞狮广告在上海徐家汇六百易试互动大屏亮相,结合最新的AR技术,走到屏幕前的第一个消费者就会在屏幕中看到自己头戴舞狮帽的样子,然后随着指令和节拍可以自由发挥,"舞"出自己的新年快乐,最后还能通过扫描二维码或输入六位码的方式,下载自己的舞狮照片,并将照片上传微博,与好友们分享。由此,形成羊群效应,起到了二次传播的效果,也提升了品牌知名度。

图 5.10 可口可乐 AR 新年互动广告

六 公共艺术展示

城市公共大屏近些年越来越多地被用来作为公共艺术的展示平台，逐步从商业圈向公共艺术空间转化，以满足人们对公共文化生活的需求。如2008年上海电子艺术节以"城市化风景"为主题，将电子艺术延伸到上海的公共空间。活动分别在浦东花木行政文化区、杨浦五角场地区、徐家汇商圈三个不同城区中，演绎了"呼吸""微波""剪影"一系列大型的户外电子艺术互动项目；2013年7月，"上海影像艺术夜"又率先联手上海夏季音乐节，通过城市大屏幕深入社区与城市公共空间。除了在陆家嘴中心绿地的主会场大屏幕，更在浦东新区、黄浦区、闵行区、闸北区投放了10块大屏幕，让社区居民们有机会通过城市大屏幕的形式接触更多的公共文化艺术。

图 5.11 2013年上海影像艺术夜

第五章　城市公共大屏场景的设计理念与内容

城市公共大屏从内容设计来看，不应仅仅表现为商业广告的载体，还应承担着相应的公共服务内容、新闻信息播报、形象宣传推广、节日庆祝活动、公共艺术展示等公共媒体的职责，在城市的社会、政治、经济、文化、审美等方面扮演了非常重要的功能角色。城市公共大屏幕作为一种"特殊的文化放映"，使人们对城市文化、习俗与精神风貌等综合图景产生想象，正如美国建筑师沙里宁曾说："城市是一本打开的书，从中可以看到它的抱负。让我看一看你们的城市，我就能说出这座城市里的居民都在追求些什么。"城市公共大屏就是这样一种鲜活可见的书，给城市生活带来了前所未有的契机。

第六章

城市公共大屏场景的传播与效果评价

屏幕是人类创造的最富有表现力的传播媒介之一。从帷幔、银幕、荧屏、计算机显示器到各种移动终端，屏幕已经实现了多次飞跃——电影银幕、电视屏幕、移动网络通信屏幕、个人电脑屏幕以及公共场所各种 LED 标牌、等离子屏幕、投影板、信息终端和智能建筑表皮等城市公共大屏幕，极大地丰富和改变了人们的生活方式与文化模式，使人们陶醉于屏幕所创造的空间之美。城市公共大屏作为一种大尺度的屏幕媒介，相比于其他媒体而言，拥有更大的创意空间和更广阔的屏幕空间，更能凸显出屏幕对象品质的美，体现屏幕对象内涵的丰富，拓展屏幕对象的外延空间。鲍曼对此曾经有过形象的描述："大就是美，大就是理性，大代表力量，雄心和勇气……"城市公共大屏的这种传媒效果正被越来越多的人所关注。

第一节 城市公共大屏场景传播的特征

传播学之父威尔伯·施拉姆提出，"媒介就是插入传播过程之中，用以扩大并延伸信息传送的工具"。《传播学概论》中定义为"媒介是人们传递信息符号的中介物，是一种物质实体"。城市公共大屏作为一种传播信息的大型物质实体，与其他媒体相比较而言，具有其鲜明而独特的传播方式与特征，如表6.1所示：

表6.1

	传播环境	传播心理	传播内容	传播受众
电影屏幕	集体空间	尊重普遍的审美标准和公共习俗	电影作品	影院观众
电视屏幕	家庭空间	符合家庭伦理观和情感生活的需要	电视剧、娱乐节目、新闻资讯等	家庭成员
电脑屏幕	个人空间	充分的互动体验和参与	资讯获取、个人娱乐等	个体
手机屏幕	私人空间	保持私密性和个性化	微信、微博等人际交流信息	私人
城市大屏	公共空间	满足受众感性体验的场景需求	商业信息、公共服务等	户外公众

一 传播环境

从传播环境来看，城市公共大屏所在的空间往往属于城市的公共空间领域。公共空间，从狭义上是指那些供城市居民日常生活和社会生活公共使用的户外空间。它包括街道、广场、居住区户外场地、公园、体育场地等。广义的公共空间不仅仅是个地理的概念，更重要的是进入空间的人们，以及展现在空间之上的广泛参与、交流与互动。这些活动大致包括公众自发的日常文化休闲活动和自上而下的宏大政治集会。城市公共大屏幕的公共空间对于城市居民的审美取向、精神文化、社会习俗、时尚风格、消费习惯都产生直接影响，而且在城市大型盛事、活动、突发事件、政府机构宣传、城市形象宣传等公共传播领域起着不可或缺的作用。

查尔斯·泰勒认为，当人们为了一定的共同目的聚集在一个具体的空间或场所时，无论是为了仪式、娱乐欣赏、交换以及重大事件的庆典或其他什么目的，或是聚集在相对亲密的交流场所，或是更大的、更为公共的协商式集会空间，一个在直觉上可以理解的公共空间就已经建构起来了。在这样的公共空间内，参与者相互在场、相互可视，专注于共同的目的或目标，面对面地进行意见、观点的交流与论辩，最后达成一个被普遍认可的共识。泰勒把这样一个在某一个具体场所中围绕共同的目的而生成的公共空间称作主题性公共空间。

城市公共大屏作为城市公共空间的一道景观，承载着城市的历史、传统、文化、民族等主题，使人们产生文化认同、社会认同以及对城市的归属感，人们通过在城市公共大屏幕前的聚集、观看、交往等行为而改变了人们在公共空间交往的模式，为城市注入了活力，并形成了独特的场所体验，在这个公共空间里，每个参与者能够感受到自己是这个公共空间的组成部分，理解自己所作所为的意义与价值，并对这个公共空间和在其间的联合形成认同，从而激活了被遗忘的城市公共空间，使城市公共大屏幕拥有了社会空间的意义。"它既与社会生活的私密的或底层的一面相连"，又充满了象征，是一种彻底开放的空间，同时又是人们生活的本真性的空间。一旦把空间视为社会产物，那么，空间的内涵也就得到根本性的扩展。空间不再是纯粹静止、客观、被动的物质空间，而是一个充满复杂性的、开放的、社会交往的公共空间，亦即 Norberg-Schulz 所推崇的"场所精神"。

二 传播心理

从传播心理看，城市公共大屏作为一种以视觉体验为诉求的视听媒介，在现实层面追求空间的感观化，充分延伸、扩展、加速了人们的感官颖悟性。城市大屏超大超高的空间尺度，令人惊奇的高速、炫目的灯光色彩，独特的空间构造，造就了当代都市先进、繁华、时尚的表象。它们既是实实在在的都市景象，是城市人群的现实视野，又能够营造一定空间氛围和空间情感、具有虚幻的象征意义的空间符号。城市大屏作为一种文化景观，甚至掩盖了建筑的历史及其本来用途，成为空间来访者记忆最为深刻的视觉体验。人们对大屏幕呈现出来的梦幻般景象，一方面深感疏离，另一方面又情不自禁欣赏感叹："我似乎来过这儿。"例如，纽约曼哈顿时报广场，颇具未来感的屏幕景象使其成为各国游客必到的胜地。纽约市政府特别立法，要求一切建设改造必须尊重和保护这一标志性的城市景观。一个专门的公共组织"艺术时代广场"致力于"赞美和弘扬时代广场的多样性，巩固该地区的历史特色,打造时代广场的独特价值"。城市公共大屏不仅照亮了城市上空,而且将我们带回现实空间,唤醒人们丰富、强烈的空间感,从而将原本孤立静止的城市空间转变为流动的共享空间,成为一种"超媒体外墙"。法国建筑师让·努维尔曾说:"媒体表皮使建筑物本来清晰的外形轮廓消融到环境之中,使幻想的表演成为现实,建筑变成'图像'。"保罗·维希留将覆盖高层建筑立面的大屏幕称作"电子哥特"(electronic gothic)。城市公共大屏作为一种媒介奇观,不仅打破了传统城市中空间和时间的限制,拓展人们对空间的感知方式,而且潜移默化地改变了屏幕体验者的心理和视觉思维。海德格尔等人早在20世纪30年代就指出"从本质上看来,世界图像并非意指一幅关于世界的图像,而是指世界被把握为图像了",并且预言我们将会走进"图像时代"。法国社会学家居伊·德波(Guy Debord)将当代社会描述为"景观社会"。约翰·伯格(John Berger)在视觉文化的经典著作《观看之道》中指出,"在历史上的任何社会形态中,都不曾有过如此集中的形象,如此强烈的视觉信息"。城市公共大屏作为以感官追求为目标的体验媒介,与其他屏幕媒体相比,其极佳的显示效果、极具震撼的视觉冲击、高端大气的品质感,巨型的面积、鲜艳的颜色、明显的动态效果、鲜明视觉符号传播,最大限度地吸引了户外大量人群。

三 传播内容

从传播内容来看,迄今大多数城市公共大屏幕的所有权在私人手里，每个大屏幕都无法回避的问题是："谁在控制播放，播放什么，它想要达到什么目的。"一个播放纯商业内容的大屏幕固然被攻击为商品社会为公众强制洗脑的工具；然而，当播出非商业内容时，公共空间的使用率越高就意味着业主越大的利益损失。因此，城市大屏私营性质决定了其以播放商业广告内容为主体，以追求市场效益为目的的传媒特征。与广播电视等公共服务媒体相比，它明显地体现为消费社会的特征。

消费社会的概念是法国思想家鲍德里亚提出的。鲍德里亚认为，消费社会的实质就是符号消费。符号消费最早可追溯到19世纪末美国社会学家凡勃伦在《有闲阶级论》一书中提出的"炫耀性消费"。20世纪60年代，法国哲学家列斐伏尔提出了"符号消费"的概念，鲍德里亚在此基础上，进一步对消费社会和商品的符号价值进行了前所未有的思考，深刻阐释了消费社会的符号消费本质。鲍德里亚指出，消费社会主要不是对物品的实用功能的消费，而是对物品的符号/象征价值的消费，消费所满足的再也不是与物品的合理目的性联系在一起的需求，而是对差异的需求，对社会意义的欲望，这就使得"消费系统"并非建立在对需求和享受的迫切要求之上，而是建立在某种符号（物品/符号）和区分的编码之上。消费社会实际上是"接受了一个特殊社会的生活风尚"。符合消费最终会产生消费异化的现象，即消费目的由需要的满足异化为欲望的满足；消费对象由物品异化为符号；消费方式由对物品的个人化，理性化使用异化为从众化、非理性化的占有。

大众文化是消费文化的典型形态与本质属性，而大众媒介及其制造、传播的时尚既是消费文化的载体和运行逻辑，同时其自身也参与了消费文化的建构和表征。

城市公共大屏作为一种的大众消费的文化、仿真的媒介文化和流变的时尚文化，共同构筑了消费社会的独特文化景观。首先，作为一种时尚文化，城市大屏体现了都市形态最典型的特征，城市大屏传递的信息与都市流行的时尚元素，包括时装、大众传媒、明星、建筑、饮食、音乐、科技等大众文化的流行元素几乎等同，使其成为都市时尚文化的象征。其次，作为一种消费文化，城市公共大屏幕凸显"大品牌"的广告形象，拥有比其他媒体更为"大气""具有视觉冲击力的""引人注目的"的高端品质，正好切中了都市人符号消费的心理。最后，作为一种仿真文化，人们在对城市公共大屏仿真文化的消费中获得的不是现实，而是对现实所产生的眩晕。人们耽于享受这种眩晕，它不仅把一种缺席表现为一种存在，把想象表现为真实，而且把真实同化于它的自身之中，在对现实的审美幻觉中内爆为超现实。

随着城市居民生活习惯和消费习惯的改变，城市公共大屏"高端、大气、上档次"的消费理念成为都市人群身份地位的象征。人们通过城市大屏的品牌消费来表达他们自己的个性，并以拥有这些物品来定义自己，进行自我与群体的认同或区分。城市大屏消费物品所代表的诸如富贵、浪漫、时髦、前卫、归属感等彰显消费者的社会地位、个性特征的符号价值，这种符号化的操作行为使得消费不仅是一种物质或精神层面的消费，同时更是象征层面的消费。因此，城市公共大屏代表的消费文化，已经不仅是人们日常生活行为的一部分，而是一种生活和生产方式及通过它所表现出来的人们的社会关系和社会文化形态。如周宪在《视觉文化的消费社会学解析》一文中引用汉密尔顿评价流行艺术的话，它们是"流行的、短暂的、消费性的、廉价的、大批量的、年轻的、诙谐的、性感的、巧妙的、美的和大商业性的"，这也正是城市大屏这样的商业化景象带给消费社会的视觉表征。

四 传播方式

伴随着移动互联网快速发展，在新媒体形态层出不穷的今天，媒体的融合与发展离不开优质传媒平台的支持。充分利用城市公共大屏这样的优质传播媒介，实现跨屏整合传播对媒体格局的高速渗透，将是未来跨屏整合、多屏联动传播趋势的必然之势。

（一）社交场景平台化

城市公共大屏具备户外公共空间的天然优势，有利于实现场景的社交化，从而营造一个开放真实的媒体环境。传统的社交场景局限于小范围的人际圈，移动互联网媒体又多限于虚拟空间交往。城市公共大屏作为一座城市公共交往的空间，是一个看得见、摸得着的实体空间，它可以利用自身的平台优势，与观众进行真实场景的互动，这样的真实接触是其他媒体做不到的。城市大屏因而可以改变人们在公共空间的交往模式，使人们在时间和空间上向心凝聚，在这个公共空间里，每个参与者能够感受到自己是这个公共空间的组成部分，肯定自己在场的意义与价值，从而构筑都市公共交往的社会化空间。例如香港铜锣湾时代广场大屏幕平时主要用于商业街的人流集散地,而当有重大事件发生时,大屏幕就成为人们聚集的焦点,通过大屏幕形成了他们的社会交往空间。

图6.1 香港铜锣湾时代广场大屏幕零点倒数活动

(二)事件场景话题化

当今,我们正在经历从互联网时代到移动互联时代的变迁,如果说互联网争夺的是粉丝人数,那么移动互联网争夺的则是场景体验。移动互联网要更倾向于互动性和参与感,城市公共大屏不论是在形式上还是内容上都更注重话题性、引爆性、视觉感和冲击力。它可以利用其大屏幕的优势,通过场景化的创意,植入其生活和消费空间,通过内容+场景的匹配,制造出让受众关注的内容和话题,而不是靠信息的反复轰炸。今天媒体的竞争力主要是通过营造信任感来创造关注度和传播力,城市大屏幕可以将社交媒体带来的话题落地到真实可感的生活场景中,通过大屏"信任感",转化成实际的传播力,再通过小屏把这种信

第六章 城市公共大屏场景的传播与效果评价

任感进行延伸，采用这种大屏+小屏的双屏战略，充分发挥大户外的冲击力和社会化媒体的契机，通过与环境共生的场景创意策略，引发受众更加深刻的共鸣。例如，广州花城广场的 LED 异型屏，在亚运会期间，24 小时发布赛事报道和各类新闻热点，吸引了数万游客和专业人士共同关注这一重大事件，形成了强大的话题效应。

图 6.2 亚运会期间广州花城广场的 LED 异型屏

（三）生活场景便捷化

对于任何一个媒体或者平台，如果能成功吸引受众的时间和视线，引起关注就成功了。城市公共大屏正是在这样一个高度分散的碎片背景下，强制性地出现在消费者生活的必经之处，进入他们的碎片化时间，围绕着他们的生活轨迹而挖掘其场景的便捷优势。随着移动互联网的发展，这种生活场景呈现出越来越便捷的趋势，许

运用篇　城市公共大屏场景实践运用

多城市公共大屏与微信平台联合推出"扫一扫"支付活动,可以直接购买整个过程,拥有便捷的支付体验,促进了行动转化率,这也是未来城市公共大屏幕生活场景运用的模式。例如,瑞典的麦当劳创意互动城市大屏广告就使得人们的生活场景极为便捷。消费者通过手机触控屏幕控制屏幕游戏中的挡板,能让游戏中的球在互动屏上30秒不掉落,消费者就可以免费获得事先选好的食物。这项户外广告吸引了大量消费者参与,实现了最直接的传播效果。

图6.3　瑞典的麦当劳创意互动城市大屏广告

(四)媒介场景融合化

城市公共大屏媒体基因中天然蕴含融合的机制,视频,微信,移动互联,影视、新媒体或社会公关活动都容易被城市大屏纳入其广阔的传播视野。城市大屏占据了消费者生活工作的必经场所,堪称移动互联时代线下超大规模的流量入口处,通过与手

第六章　城市公共大屏场景的传播与效果评价

机社交媒体的融合，可以使人们在生活中有更便捷的渠道进行场景体验。城市公共大屏这种生活化媒体的优势，在网络媒体碎片化的时候，越来越体现出不可替代的价值。它是移动互联网引爆空间和移动O2O（Online to Offline）场景的关键入口。作为一种新商业革命模式，不论是从线上到线下，还是从线下到线上，都构成一个可循环的环路。城市公共大屏可将人们碎片化的时间利用起来，实现线下与线上对接，因而拥有极大的包容性和互动性，未来移动媒体将引领城市大屏进入更广阔更高效的媒介融合时代。

图6.4　纽约时代广场Megaphone数字互动屏幕

第二节　城市公共大屏场景传播的途径

在融合媒体时代的背景下，媒介的场景内容、接触习惯、消费心理以及消费需求都发生了深刻的变化。如果用三个阶段来概括，在 Web1.0 时代，传播者占主导地位，受众只能被动、单向接受信息，他们的真正需求得不到重视；在 Web2.0 时代，人们进入以社交为最大特点的互动时代。传播者和受众融为一体，媒体开始关注受众群体的基本属性与内在需求，受众也开始从被动、单向转变为主动、双向接受信息；到了 Web3.0 时代，由于媒介融合带来的终端形态的日益丰富，大数据爆发以及社会化媒体的兴起，所有的传播技术都快速地融合成了数字形式，传统媒体的场景模式已不复存在，未来会呈现为"融媒体"场景。

一 传统电视媒体在户外场景的开拓

城市公共大屏幕电视以传统电视媒体的内容为资源，以传播新闻资讯、公共服务信息及文体节目等服务性内容为主，突破了城市大屏幕商业广告的局限。城市大屏幕电视可以通过节目内容获取受众注意力，这比起城市大屏幕广告显示屏仅仅作为广告发布平台，更能体现为以受众需求为中心，实现媒体的社会效益。同时，城市大屏幕电视还可以通过向市场提供媒体产品和服务，创造经济效益。因此，城市大屏幕电视既具有公共性又具有商品性，是传统视听媒体在户外场景的合理化运用。

融媒体时代的电视节目，跨屏传播是关键。随着个人终端日益普及，以及屏幕技术发展，人们有了更多的屏幕和场所收看视频。这种用户收看行为习惯的变化，将深刻影响传统电视媒体从内容生产到传播渠道的开拓。传统电视媒体在户外场景的开拓，给观众提供了户外屏幕与电视荧屏的沟通桥梁，电视观众可以通过户外媒体与传统电视节目互动获得全新体验。如湖南卫视《我是歌手》总决赛院线抢票活动利用社交软件"呼啦"，首次实现了60多万网友参与的多屏互动活动。城市大屏电视能更广泛、更有效的覆盖更多人群，而且能够实现精准传播以及内容与品牌的深度捆绑式营销，代表了未来跨屏传播的新方向。

电视媒体在城市大屏幕的延伸不仅有助于电视媒体在融合背景下的突破与转型，而且能够有效提升城市公共大屏幕的传播价值及场景运用，充分体现公共媒体的定位。例如，北广传媒城市公共大屏幕电视始终坚持公益性的主旨，以奥运期间的新闻报道为例，在节目编排上，围绕奥运，服务奥运，宣传北京，突出社会公益色彩，在奥运赛事直播、奥运交通服务、奥运火炬传递等方面，进行全程化、高密度、多频次的报道，受到了观众的好评。

二　数字媒体艺术在户外场景的展示

城市公共大屏作为一种大型高科技媒体平台，拥有天然的户外传播优势和展示性能，可以融合各种数字媒体艺术，如装置、行为、观众参与互动、数字作品、远程摇杆技术、增强现实、新型界面等，因而在数字媒体艺术中得到了广泛的应用。例如，英国的一起数字标牌的社交媒体应用非常受欢迎。该设计可以通过400平方英尺的数字屏幕每天被成千上万的人看到。观众可以通过在社交媒体上的话题参与和数字屏幕的互动，所发的信息将即时显示在各大数字广告屏幕上。被选中艺术家的设计将被展示在英国最大的户外广告 Primesight 广告牌上，在伦敦、伯明翰、曼彻斯特、格拉斯哥和布里斯托尔持续展示两周时间。设计的创始人说："它决心为来自世界所有项目的创意人员提供一个家园。充分展示了我们如何为创意人员提供一个巨大平台，使他们的作品能被大众欣赏。"

城市公共大屏幕与数字媒体艺术在户外的联姻，充分彰显了技术和艺术"同源而生"的本质同一性。城市若想抵御新生活方式的蚕食，应当承载它应有的社会生活和文化魅力，尽可能拥有宜人的艺术氛围和亲切的文化姿态，使人们获得对于城市生活或共同经验的认同和归属，而这也是私人领域无法给予的体验，从这个意义上来说，数字媒体艺术在户外场景的展示，重新创造了城市具有吸引力的公共空间和公共生活。

三　移动网络媒体在户外场景的融合

城市公共大屏幕媒体基因中天然蕴含融合的机制，是移动互联网引爆空间和移动O2O场景的关键入口。这个时代完整的组合当然应该是O2O。作为一种新商业革命模式，城市大屏不论是从线上到线下，还是从线下到线上，都有不可替代的平台优势，能够有效实现跨屏的传播。城市大屏幕这种线下生活化媒体，在网络媒体越来越碎片化的时候，越来越体现出其不可替代的价值。它所占据的消费者的生活场所和工作场所，堪称移动互联时代线下超大规模的流量入口处，通过与电视、手机等媒体的融合，可以使人们在生活中有更便捷的渠道进行场景体验。例如，广州珠江新城地铁站推出"移动闪拍站"超市就是一款看得见摸得着的"大屏幕超市"。"移动闪拍站"以一面墙体的形式呈现，墙体橱窗中展示了中国移动数据业务中的各种游戏、音乐专辑和书籍的图案，每个图案都对应者一个二维码，用户只需要通过手机拍下所有看中的商品图片对应的二维码，就能轻松买下对应商品。

图6.5 广州珠江新城地铁站推出"移动闪拍站"超市

第三节 城市公共大屏场景的效果评价

一 城市公共空间评价的经典研究

20世纪80年代，美国著名城市学者怀特曾经用18个指标，对纽约市的公共广场和公园的使用效益、居民的满意度等问题进行了系统的研究，探讨不同公共空间的活跃程度存在差异的原因，归纳出影响空间活力的最主要因素，为纽约乃至美国各大城市的公共空间的建设和配置起到了重要的作用。

旧金山城市设计方案（San Francisco Urban Design Plan，1972）是运用城市设计理论指导设计的经典案例，其城市设计评价标准试图从物理环境和秩序角度关注人与城市空间的关系，从实践需要中产生了较完整的一套原则，包括舒适、视觉趣味、活动、清晰和便利、特色、空间的确定性、视景原则、多样性和对比、协调、尺度与格局这10项基本原则。

英国"城市设计同盟"（the Urban Design Alliance）为了给地区评价提供系统的方法，提出了综合可度量和不可度量标准的"场所调查"（Placecheck）方法，通过100多个问题来评估场所的品质。这一方法提供了简单和易于征询的方式使社区参与到评价中来。

凯文·林奇在1981年的《城市形态》一书中，主张人类作为生物、文化和心理一体而存在，城市形态的剖析评价必须从这一点导出。他于是提出了城市设计评价的五项功能性原则，或曰"执行尺度"（Performance dimension）：活力、感觉、适合、易接近性和控制。同时提出了两项结合使用的一般性标准：公正和效率。

丹麦著名的建筑师扬·盖尔（Jan Gehl）提出了"以人为本"的城市公共空间设计思想而备受人们青睐。以世界宜居城市哥本哈根为代表的众多成功案例，使他的著作和项目影响和改变了许多国家城市的公共空间和公共生活。扬·盖尔的城市公共空间设计的理论包括感知与行为和场所理论等各方面，在此基础上提出了"以人为本"城市公共空间设计的方法。

使用后评价（Post-occupancy Evaluation，POE）是这些年采用比较多的城市空间评价方法，属于建成环境评价理论范畴。早在 1988 年，Preiser 在其著作《使用后评价》一书中对 POE 的定义为："在建筑建造和使用一段时间之后，对建筑进行系统的严格评价过程，POE 主要关注建筑使用者的需求、建筑设计的成败和建成后建筑的性能，所有这些都会为将来的建筑设计提供依据和基础。"使用后评价的类型可以按评价旨趣进行分类，评价的旨趣包含多方面，如功能属性、人的心理、行为、认知等，按其性质可以分为应用型（综合评价：满意度评价、环境质量评价、环境美评价）和研究型（焦点评价：使用功能评价、视觉质量评价、交往空间评价）两大类型。

对城市公共大屏公共场景的效果评价，可以借鉴以上经典的城市空间的评价准则。参考这些成熟的城市空间评价体系，有助于建立一套具有可操作性的大屏幕评价方法。从而能够有效地对现有的城市公共大屏幕公共场景作出评估和改进建议，并指导新的屏幕设计。

二 评价原则及量表设计

评价城市公共大屏幕的场景功能，主要是考察其所在的公共空间是如何在视觉维度上存在并发生作用的。只有将大屏幕所在的空间置于特定的评价体系中，我们才可以相对清晰地把握空间的"功能"。城市大屏幕公共空间的评估体系可以从六个维度切

运用篇 城市公共大屏场景实践运用

入：第一是公共空间的美学性，城市大屏幕视觉的修辞性往往建立在审美观看的基础之上；第二是公共空间的卷入性，城市大屏幕的公共空间与日常生活的接近性目标是否一致；第三是公共空间的沉浸性，城市大屏幕空间能发为公众提供一种深度的在场体验；第四是公共空间的兼容性，表现为城市大屏幕空间促进城市文化的发展和包容；第五是公共空间的互动性，城市大屏幕空间能否促进不同主体、不同阶层之间的沟通与理解；第六是辐射性，城市大屏幕的空间效应能否向四周辐射。基于以上公共空间评估的六个维度，城市公共大屏幕的评价原则也可在此基础上建立。我们将城市大屏幕的场景功能可以分为以下几个层次：第一是探讨城市大屏幕空间内部元素的视觉构成、要素选择、结构布局、设计理念、视觉风格如何体现并深化城市大屏幕空间的性质与意义；第二是探讨城市大屏幕空间与空间的关系逻辑和组合方式如何体现并深化城市大屏幕空间生产的逻辑与价值定位；第三是探讨城市大屏幕空间与主体之间的互动方式和结构如何体现并深化城市大屏幕空间的社会意义与人文内涵。鉴于此，揭示城市大屏幕空间在场景功能上的"存在方式"和"发生逻辑"。

根据克拉克的场景理论，城市公共大屏场景的要素可以从中概括为：1. 空间要素（邻里，社区）；2. 物质要素（城市基础设施）；3. 人群要素（多样性人群）；4. 以上3个要素以及活动的组合；5. 价值要素（场景中孕育的价值）。其中，空间要素主要以城市公共大屏所在的公共空间质量来衡量；物质要素主要是以城市公共大屏硬件设施来衡量；人群要素主要是以城市公共大屏受众群体评价来衡量；组合要素主要是以城市公共大屏的空间、

第六章 城市公共大屏场景的传播与效果评价

设施以及人群三者的场景互动来衡量；价值要素主要是以城市公共大屏体现的文化以及地区影响力来衡量。

根据城市大屏的这五个构成要素，同时以经典城市公共空间评价体系为参照，结合上述公共空间评价的六个维度，本书设计出基于场景效果分析的城市大屏评价指标。评价指标设计如下：

1. 空间要素的评价指标包括：大屏公共空间的使用强度、大屏公共空间的活跃程度、大屏公共空间的活动数量、大屏所在公共空间的覆盖率、大屏对该处空间的标识作用、大屏设计充分考虑现有空间特点、受众在公共空间的停留时间。

2. 物质要素的评价指标包括：亮屏时间、画面清晰度、可视距离、视觉震撼力、色彩鲜艳度、位置和角度、屏幕技术创新程度。

3. 人群要素的评价指标包括：覆盖人流量、受众使用者来源、受众消费能力、受众学历程度、受众年龄构成、受众使用屏幕动机、受众观看屏幕时间。

4. 组合要素的评价指标包括：屏幕与观看者的互动形式、观看者之间的社会交流、观看者对屏幕内容的态度、观看者对参与屏幕创作的态度、屏幕与城市公共设施的互动、屏幕举办的公共活动类型、屏幕观看者参与公共活动。

5. 价值要素的评价指标包括：屏幕服务于城市开放空间、屏幕内容反映地方文化特色、屏幕对大事件和公共活动的响应、屏幕对城市形象的宣传、屏幕对公共文化氛围的形成、屏幕对城市景观的影响、屏幕对城市公共空间的责任感。

在对城市公共大屏幕公共场景进行评价时，可以考虑将城市公共大屏幕与城市其他内容发挥作用的场景元素结合起来，注重

运用篇 城市公共大屏场景实践运用

大屏幕在城市公共空间中产生的实际效果，并根据这些要素，考察大屏幕的属性与评价标准的对应关系，然后提出基于场景效果的评价指标；最后综合这些指标，对所涉案例做出综合的评价实验，验证这套评价方法得到的结果是否与实证吻合。为此，本书设计了如表6.2以供参考：

表6.2　　城市公共大屏幕公共场景效果评价量表

评价要素	问题	评分
公共空间	大屏公共空间的使用强度 大屏公共空间的活跃程度 大屏公共空间的活动数量 大屏所在公共空间的覆盖率 大屏对该处空间的标识作用 大屏设计充分考虑现有空间特点 受众在公共空间的停留时间	最小 1 2 3 4 5 最大 封闭 1 2 3 4 5 活跃 匮乏 1 2 3 4 5 丰富 最小 1 2 3 4 5 最大 毫无 1 2 3 4 5 明显 缺乏 1 2 3 4 5 充分 最短 1 2 3 4 5 最长
屏幕设施	亮屏时间 画面清晰度 可视距离 视觉震撼力 色彩鲜艳度 位置和角度 屏幕技术创新程度	最短 1 2 3 4 5 最长 最差 1 2 3 4 5 最佳 最近 1 2 3 4 5 最远 最弱 1 2 3 4 5 最强 最暗 1 2 3 4 5 最亮 最差 1 2 3 4 5 最好 最旧 1 2 3 4 5 最新
受众人群	覆盖人流量 受众使用者来源 受众消费能力 受众学历程度 受众年龄构成 受众使用屏幕动机 受众观看屏幕时间	最少 1 2 3 4 5 最多 单一 1 2 3 4 5 复杂 最小 1 2 3 4 5 最大 最低 1 2 3 4 5 最高 年轻 1 2 3 4 5 年老 必经 1 2 3 4 5 主动 最短 1 2 3 4 5 最长
场景互动	屏幕与观看者的互动形式 观看者之间的社会交流 观看者对屏幕内容的态度 观看者对参与屏幕创作的态度 屏幕与城市公共设施的互动 屏幕举办的公共活动类型 屏幕观看者参与公共活动	毫无 1 2 3 4 5 积极 毫无 1 2 3 4 5 活跃 反感 1 2 3 4 5 喜欢 排斥 1 2 3 4 5 鼓励 毫无 1 2 3 4 5 积极 缺乏 1 2 3 4 5 丰富 漠视 1 2 3 4 5 合作

第六章 城市公共大屏场景的传播与效果评价

续表

评价要素	问题	评分
价值内涵	屏幕服务于城市开放空间	最小 1 2 3 4 5 最大
	屏幕内容反映地方文化特色	最少 1 2 3 4 5 最多
	屏幕对大事件和公共活动的响应	随意 1 2 3 4 5 有效
	屏幕对城市形象的宣传	毫无 1 2 3 4 5 积极
	屏幕对公共文化氛围的形成	毫无 1 2 3 4 5 积极
	屏幕对城市景观的影响	破坏 1 2 3 4 5 增色
	屏幕对城市公共空间的责任感	消极 1 2 3 4 5 积极

这套用来评价城市公共大屏场景内容及效果的量表，由于各种原因尚未付诸实践，但是代表了本书的一种设计思路，不失为一种参考。

第七章

城市公共大屏场景本土案例及其策略

为了进一步考察城市公共大屏场景效果,本书选取了华南地区最大的户外 LED 媒体运营机构——南方报业 LED 联播网的城市户外公共大屏幕场景进行了案例研究,为城市公共大屏的策略研究提供现实依据和经验借鉴。

第一节 研究背景及对象

一 研究背景:南方报业 LED 联播网概况

本书此次选取华南地区的南方报业 LED 联播网作为本研究分析的案例,主要基于南方报业 LED 联播网作为华南地区最大的户外 LED 媒体运营公司,在大屏幕传播方面拥有以下五大背景优势。

1. 广泛的覆盖优势。南方报业 LED 联播网旗下拥有 LED 大屏数量 50 余块，屏总面积近 6000 平方米，已经全面覆盖所有珠三角城市及部分其他周边城市，且打通了广东省 21 个地市级中心商圈和交通圈的 LED 联播网络，是广东本土最具传播价值、最具影响力的户外综合信息传播平台。

2. 核心地理位置优势。南方报业 LED 联播网各 LED 大屏均位于各城市的繁荣商圈，人流量巨大，媒体覆盖人群众多，受众消费能力更强，户外活动时间更长，对户外媒体的触媒时间也更长，城市大屏因此拥有更有效的受众触达和更优质的受众人群等核心价值。

3. 同步联网播出优势。南方报业 LED 联播网充分利用互联网技术，并自主开发了功能强大的后台播控软件，实现了分布于广东省各城市的 LED 大屏可即时同步播出。

4. 丰富多样的内容优势。南方报业 LED 联播网不仅是商业广告主青睐的媒体，还通过播放新闻、资讯等各种丰富的视讯内容，形成了全新的"公益+新闻+信息+广告"的户外媒体传播模式，对受众而言具有更高的信息价值和公信力。

5. 品牌延伸的优势。南方报业 LED 联播网是南方报业传媒集团"全媒体战略"的重要组成部分，依托全国著名的平面媒体南方报业传媒集团，通过自身的发展及整合各方资源，南方报业 LED 联播网已逐渐奠定了其在户外新媒体领域的行业标杆及领导地位。

二 研究对象：南方报业 LED 联播网代表性大屏幕

基于可行性原则和操作的方便，本书从南方报业 LED 联播网

运用篇　城市公共大屏场景实践运用

分布全省的城市大屏中，重点选择了其投放于广州地区的五块最有影响力的城市大屏幕进行田野调查，它们分别是：广州大道中南都办公大楼北墙体城市大屏幕、北京路步行街香港城城市大屏、广州火车站进站口城市大屏、广州大道北红星美凯龙城市大屏，以及番禺万达百世家居城市大屏。其具体情况如下。

（一）珠江新城 CBD

点位概况：该屏位于贯穿广州市区南北主干大道上；与广东省委、人大、政协、广州军区等党政军重地相邻；靠近广州 CBD 核心区珠江新城和天河商圈；南通海珠、番禺等市民居住生活区。

图 7.1　广州大道中南都办公大楼北墙体大屏幕

点位位置：广州大道中南方都市报大楼北墙体

屏幕规格：313.9 平方米（宽 22.36 米×高 14.04 米）

常规轮播时间：08：00—22：00

日媒体接触人次：1248+（单位：千人）

（二）北京路商圈

点位概况：该屏端坐"千年古道遗址"入口；最繁华的北京路步行街人流络绎不绝；广州旧城东西主干线，地铁 1、2 号线相交汇，30 余条公交线路汇集，日均客流量超 70 万人次；人群以年轻、时尚人群为主，拥有新大新、广州百货大楼等大中型百货商场 10 多座；文化娱乐、特色餐饮等数不胜数。

图 7.2　北京路步行街——香港城大屏幕

运用篇　城市公共大屏场景实践运用

点位位置：广州北京路步行街入口处香港城外墙体

屏幕规格：121.9 平方米（宽 15.872 米×高 7.68 米）

常规轮播时间：09：00—21：30

日媒体接触人次：1515＋（单位：千人）

（三）环市路商圈

点位概况：位于全国交通枢纽——广州火车站主楼楼体；全国客流量最大的火车站之一，日均客流量 10 万左右，春运期间日均客流量达 25 万左右；附近还有 30 多条公交线路；各类人才出入广东的枢纽地带，成为货运物流、客流的集散地；位于越秀区环市西路，附近有各类全国大型商品批发云集地；广州人口密度最高的区域之一；巨大的人流量消费潜力巨大，尤其是对快消品和日常生活用品的消费。

图 7.3　广州火车站进站口大屏幕

第七章 城市公共大屏场景本土案例及其策略

点位位置：广州火车站总站进站口

屏幕规格：78.6平方米（宽10.24米×高7.68米）

常规轮播时间：05：30—24：00

日媒体接触人次：980+（单位：千人）

（四）天河商圈

点位概况：该大楼聚集了保时捷、宝马等展示店及红星美凯龙；西邻天河路，北连天河北路，毗邻天龙大酒店、圣丰广场、嘉诚国际公寓，周边时代广场、中怡广百百货、天河城广场（吉之岛百货公司）、广州市购书中心、天河体育中心，是广州市内最具价值的商业、旅游及经贸的黄金地带之一；覆盖途经中山路立交、天河路立交、广州大道南往北方向车流，视线开阔，极具商业价值。

图7.4 广州大道北红星美凯龙大屏幕

运用篇 城市公共大屏场景实践运用

点位位置：广州大道北路85号红星美凯龙

屏幕规格：236.24平方米（宽16.36米×高14.44米）

常规轮播时间：08：00—22：00

日媒体接触人次：1130+（单位：千人）

（五）番禺高档住宅区

点位概况：百世家居处于番禺黄金地段，位于迎宾大道与南大公路交界处，毗邻锦绣香江、华南碧桂园等高端社区；万国广场、吉盛伟邦、万达广场必经之地。

图7.5 番禺百世家居大屏幕

点位位置：番禺百世家居外墙

屏幕规格：63.3平方米（宽5.376米×高11.776米）

常规轮播时间：08：00—24：00

日媒体接触人次：514+（单位：千人）

第七章　城市公共大屏场景本土案例及其策略

第二节　研究设计和方法

一　嵌入性案例研究设计

本书采用单案例研究设计中的嵌入性案例研究方法。首先，本书选取具有代表性的、典型的案例——南方报业 LED 联播网来进行研究。选择代表性的典型案例的目的是了解某一典型性案例出现的环境和条件，从代表性案例中得到的结论可以有助于加深对同类事件和事物的理解。其次，一个单案例研究中或许包含多个分析单位，当需要对一个或多个次级分析单位进行考察时，就会出现一个研究中同时并存多个分析单位的现象，本案例就是如此。如图 7.6 所示。

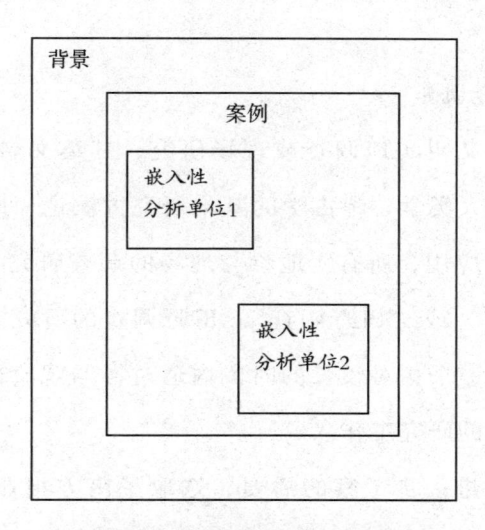

图 7.6　嵌入性案例研究设计示意图

尽管本案例研究仅仅涉及一个单位和组织（南方报业LED联播网），但其却包含了不同层级的次级分析单位，一级次级分析单位包含了6项活动的内容，它们分别是南方报业LED联播网情人节互动活动、南方报业LED联播网世界杯游戏互动活动、南方报业LED联播网六一庆祝活动、南方报业LED联播网首次加盟两会报道、南都摄影记者群像闪耀户外LED联播网和南方报业LED联播网商业营销活动。在一级次级分析单位之下，二级次级分析单位分别对应的是场景主题、场景时间、场景地点和场景内容。

二 资料收集与研究方法

本书主要采用田野调查法和深度访谈法来收集资料，对南方报业LED联播网代展性大屏幕进行了案例分析。

（一）田野调查

田野调查又叫实地调查或现场研究，其英文名为Fieldwork。它是来自文化人类学、考古学的基本研究方法论，即"直接观察法"的实践与应用，所有实地参与现场的调查研究工作，都可称为"田野研究"或"田野调查"。田野调查的研究者会亲自进入某一社区，在一个相对较长的时段内通过参与观察体验等方式获取第一手资料的研究工作。

本书为了进一步考察的需要，选取了南方报业LED联播网从2012年至2015年期间在广州地区投放的城市大屏作为田野

第七章　城市公共大屏场景本土案例及其策略

调查的对象，并从中选取6个典型场景作为研究的调查样本。首先，收集这些大屏幕的基本信息和数据；其次，记录大屏幕播出的内容规律及现场情况；再次，对大屏的投放内容进行了分析、整理和归类；最后，记录大屏幕的场景和现场感受，然后通过访谈，了解参与活动的人的主观感受和客观评价，从而为研究样本的实证分析提供依据。以下为田野调查的6个样本。

1. 南方报业LED联播网情人节互动活动

场景类型：节日庆祝场景

场景主题："和你在一起，爱就播出来"

场景时间：2014年2月14日

场景地点：广州北京路香港城、深圳东门步行街等多块大屏

场景内容：2014年2月14日，南方报业新视界传媒和腾讯大粤网、中国移动共同举行了"和你在一起，爱就播出来"情人节庆祝活动。活动利用户外LED大屏幕独特的播控技术为人们提供一个秀出自我表达爱意的互动平台。南方报业LED联播网精心挑选参与者提供关于亲情、爱情、友情的照片制成视频短片，于2月14日晚8点在南方报业LED联播网旗下的多块大屏免费播放，制造出情人节温馨、浪漫的场景。同时，在热闹繁华的北京路香港城大屏幕前，还进行了现场微信互动活动。通过大屏实时播放现场参与者发送的爱的宣言及照片，吸引附近游人纷纷驻足参与互动。此次互动活动在短短半小时内吸引了现场500多人的积极参与，场面火爆，很好的传递了情人节遇上元宵节的双重节日气氛。为配合此次大屏幕活动主题，南方报业LED联播网还策

划了"和你在一起·全家福""和你在一起·友谊万岁""和你在一起·众里寻他""和你在一起·回家""和你在一起·爱的年代秀""和你在一起·寸草春晖""和你在一起·恨相知晚""和你在一起·天长地久"等系列话题场景,此次活动的策划初衷在于让人们冲破羞于示爱的禁锢,为大众提供一个表达感情、传递爱意的平台。

图 7.7 (组图)南方报业 LED 联播网情人节互动活动现场

2. 南方报业 LED 联播网世界杯游戏互动活动

场景类型:重大事件场景

场景主题:"2014 世界杯,我与大屏有个约会"

场景时间:2014 年 7 月 4 日

场景地点:广州北京路和深圳东门步行街大屏幕

场景内容:2014 年世界杯期间,南方报业 LED 联播网与网易

第七章 城市公共大屏场景本土案例及其策略

新闻客户端合作,在广州北京路和深圳东门步行街举办了"2014世界杯,我与大屏有个约会"大型人屏互动活动。观众通过扫描LED大屏上的二维码,使手机屏幕与LED大屏同步进入游戏界面,球迷们通过手机与LED大屏实时互动,便可体验在大屏幕上踢球射门的乐趣,感受与以往不同的世界杯体验。同时,为了配合"我与大屏有个约会"活动,中国户外LED新闻联播第一品牌"南方快讯"策划推出了"今日世界杯"专题报道,整个报道持续一个半月。此次活动不仅展示了户外LED大屏在新技术的支持下,由传统单一的广告媒体向多元化媒体平台的转变,更体现了户外LED大屏聚合受众碎片化时间和注意力的强大效果,令人们坚信,LED can do more!

图7.8 (组图)南方报业LED联播网世界杯游戏互动活动

3. 南方报业 LED 联播网六一庆祝活动

场景类型：生活亲子类场景

场景主题："这样晒娃，绝对不会被拉黑"

场景时间：2015 年 5—6 月

场景地点：广东省内 20 多块户外 LED 大屏上滚动播出

场景内容：关注"南方报业 LED 联播网"的微信号，发送宝贝的萌照，附上 20 字以内的晒娃宣言，并留下联系电话，即有机会让照片登上 LED 大屏。活动期间，每周精选一批精彩照片，在广东省内 20 多块户外 LED 大屏上滚动播出，让你晒娃晒遍全广东，还会按照照片质量，每周评选出 7 张最佳照片，得奖者将获得独家定制的"爱娃"礼物一份，成为你跟宝贝的独特儿童节回忆。

图 7.9　南方报业 LED 联播网六一庆祝活动现场

4. 南方报业 LED 联播网首次加盟两会报道

场景类型：新闻报道场景

场景主题：两会报道

场景时间：2015 年 3 月

场景地点：广州、深圳、佛山、珠海、东莞、肇庆、惠州 7 个城市 10 块大屏

场景内容：每年 3 月，全国"两会"都会成为社会关注的焦点。为打好今年全国"两会"的报道战，南方日报全媒体专门成立"两会报道融合小组"，为读者带来全新的"两会"报道体验。作为户外媒体的南方报业 LED 联播网首次加入"两会"报道集群，成为"两会报道融合小组"的一员。两会期间，南方报业 LED 联播网"南方快讯"与《南方日报》前线报道小组实现无缝对接，并集聚集团纸媒电子报、南方网和南方日报公众号报道、现场图片等形式内容，在广州、深圳、佛山、珠海、东莞、肇庆、惠州 7 个城市的 10 块大屏上全天候轮播，让广东市民们可以和会场委员、代表同步获悉最新鲜的"两会"动态。"南方快讯"制作图片及文字新闻报道共 70 余条，引起了社会各界的极大关注。"南方快讯"是南方报业 LED 联播网在全国户外 LED 媒体中第一个率先推出的新闻联播品牌，其内容以高端、重要的时政、民生及重大突发事件的要闻为主，包括"今日头条""南方要闻""今日关注""南方快讯"等栏目，以新、特、快的微新闻特色和服务民生的特色，提升南方报业 LED 联播网的社会价值、文化价值和品牌价值，树立全国 LED 户外媒体新闻联播的标杆，打造中国户外 LED 新闻资讯联

网播出第一品牌。

图 7.10 （组图）南方报业 LED 联播网首次加盟两会报道现场

5. 南都摄影记者群像闪耀户外 LED 联播网

场景类型：形象推广场景

场景主题："以温度，暖人心"

场景时间：2014 年 12 月 3 日

场景地点：广州、深圳、佛山、东莞、珠海等 9 个城市的 18 个户外 LED 屏幕

场景内容：从 12 月 3 日开始，南都视觉中心摄影部推出了"南都摄影记者"的形象短片，作为《南方都市报》十八周年系列活动的重要组成部分，呈现南都摄影记者十八年来记录的家国之变，该短片在南方报业 LED 联播网位于广州、深圳、佛山、东莞、珠海等 9 个城市的 18 个户外 LED 屏幕进行全省联播，南都摄影记者们登上户外 LED 大屏，以情怀温暖人心。短片记录了南

第七章 城市公共大屏场景本土案例及其策略

都 45 名摄影记者，以及他们入职南都以来的代表作品。短短 18 秒的影片内容几乎涵盖了十八年来的重大新闻事件，表现了他们以南都视角记录的时代影像与态度，与报社十八周年纪念活动的主题口号"以温度，暖人心"相吻合。

图 7.11 （组图）南都摄影记者群像闪耀户外 LED 联播网现场

6. 南方报业 LED 联播网商业营销活动

场景类型：商业营销场景

场景主题：线上线下，游戏植入——"天地一号苹果醋"

运用篇　城市公共大屏场景实践运用

场景时间：2012年"五一"节假日

场景地点：珠江新城广州国际金融中心 LED 大屏

场景内容：新视界传媒为"天地一号苹果醋"客户策划的一个名为"五一一起来种菜"的互动营销活动。活动选择新视界传媒位于广州市新地标——珠江新城广州国际金融中心—— LED 大屏作为载体，于 2012 年"五一"节假日期间在花城广场举行。新视界传媒利用 LED 互动技术，针对"天地一号苹果醋"产品先进的特点，自主研发了一款互动小游戏，将客户品牌和产品信息植入其中，受众若能正确回答问题，便能获得由客户提供的精美礼品。通过植入方式，寓品牌传播于互动游戏之中，加深了受众对客户品牌的理解和记忆，拉近了消费者与客户产品之间的情感距离，获得了比广告更佳的宣传效果。两天的活动，吸引了近5000 名游客的参与，派发出了 3000 多份客户提供的礼品。

图 7.12　（组图）南方报业 LED 联播网"天地一号苹果醋"商业营销活动

以上南方报业 LED 联播网的城市大屏场景活动内容可归纳总结如表 7.1：

表 7.1

场景特征	类型特征	主题特征	时间特征	地点特征	内容特征
场景活动之一：情人节互动活动	节日庆祝类	情感	春季	广州和深圳市中心播放	微信互动设置话题
场景活动之二：世界杯游戏互动活动	重大事件类	体育	秋季	广州和深圳市中心播放	游戏互动专题报道
场景活动之三：六一庆祝活动	生活休闲类	生活	夏季	全省多屏联播	晒娃萌照爱娃礼物
场景活动之四：加盟两会报道	新闻报道类	政治	春季	珠三角中心城市多屏联播	融媒报道两会资讯
场景活动之五：南都摄影记者群像闪耀	形象推广类	公关	冬季	珠三角中心城市多屏联播	影像记忆形象推广
场景活动之六：商业营销活动	商业营销类	商业	夏季	广州市中心繁华区播放	游戏互动精美礼品

（二）深度访谈

深度访谈是围绕着特定的主题，通过与被调查者深入地有目的的交谈，来了解访谈对象对事件的看法、观点和感受，从而探讨特定社会现象的形成过程，并提出解决社会问题的思路和方法。

1. 访谈抽样对象

访谈对象的选取可采用概率抽样和非概率抽样两种方法。由于深度访谈需要详细、深入的搜集访谈资料，它更注重访谈的质量，而不是访谈的数量，因此一般不采用概率抽样，而是采用非概率抽样，更具有灵活机动性。常见的深度访谈的抽样方法有目的性抽样、异质性抽样和滚雪球式抽样。抽样对象为那些能够为研究内容提供最大信息的人。本书主要采用的是目的性抽样和异质性抽样这两种。

本书的目的主要是考察南方报业 LED 联播网大屏幕场景设计的内容及效果。围绕这一目的，笔者对相关人员进行了深度访谈，其访谈对象包括（1）南方报业新视界传媒创意总监；（2）南方报业 LED 联播网世界杯游戏互动活动现场观众；（3）南方报业 LED 联播网羊年贺岁活动策划人；（4）南方报业 LED 联播网六一庆祝活动参与晒娃活动的一位妈妈；（5）广东省委宣传部主管部门领导；（6）媒体从业者兼南都摄影记者；（7）暨南大学舆情中心户外媒体专家。他们在接受访谈时其社会身份分别是南方报业 LED 联播网高层决策者、南方报业 LED 联播网案例策划者、南方报业 LED 联播网活动现场参与者、专家学者、政府管理者以及相关的媒体及企业人员，由于他们能为该研究提供大量信息，并且最大限度地覆盖和反映研究对象的差异性，所以使得本访谈具有广泛性、多元性和异质性的特点，从而确保了研究的信度和效度。

2. 访谈问题设计

访谈的问题一般可以划分为三种不同的类型，即开放型与封闭型问题、具体型与抽象型问题，以及清晰型与含混型问题。根据研究问题的特点和访谈对象的个性，访谈者灵活多变地提出不同形式的问题。笔者在此次深度访谈中的问题，涉及不同的案例以及采访对象，根据这些具体情况设计了不同类型的问题与情境，以期达到访谈的深度和广度。例如：

开放型问题有:①如何看待城市公共大屏幕的功能与意义,尤其是在场景运用方面?②城市公共大屏幕在这次活动中,扮演了什么角色?③如何看待城市公共大屏幕在场景互动项目上的应用?④对未来城市公共大屏幕的场景功能还有哪些期待?④在媒介融合的背景之下,传统媒体如何实现与城市大屏幕的深度融合?

封闭型问题有:①城市公共大屏对于凝聚城市话题,打造城市生活体验,重塑城市公共空间,发挥了什么具体作用?②如何看待城市公共大屏幕与城市公共生活场景、市民生活空间的新关系?③城市公共大屏幕具有商业性与公共性两种功能属性,如何运用"体验营销"、"事件营销"等场景体验的手段来平衡和兼顾这两方面?④城市公共大屏在党政工作宣传以及政府形象传播与塑造方面,起到了哪些积极的作用?⑤城市公共大屏幕作为一种新型数字媒体,在打造互动体验平台,实现跨媒体传播方面有何媒介优势?如何利用城市大屏幕真正实现"iOOH 我的户外场景时代"?

具体型问题有:①您如何评价这次"我与大屏有个约会"的世界杯活动?②南方报业 LED 联播网自成立以来,每年的春节都会利用城市公共大屏幕举办贺岁活动,2015 年的"Fun 声贺年"大屏幕互动活动较以往有哪些突破?③这次"Fun 声贺年"大屏幕祝福活动的影响和效果如何?有哪些评价指标或者反馈信息?④您是通过什么方式了解到南方报业 LED 联播网大屏幕这次的晒娃活动?如何参与进来的?⑤作为《南方都市报》十八周年系列活动的重要组成部分,这次活动的主题是"以温度，暖人心"，当初如何想到用城市公共大屏幕这种媒体来做此次宣传活动？它的实际效果如何？⑥2015年两会期间，南方报业LED联播网首次加入"两会"报道集群，在广州、深圳、佛山、珠海、东莞、肇庆、惠州7个城市的10块大屏上全天候轮播两会消息。您如何评价这一举措？

抽象型问题有：①您如何看待城市公共大屏幕这种符号消费和景观消费的现象？②在公共空间的城市公共大屏幕上观看和参与重大事件活动，与在私人领域（比如在家中）感受有哪些不同？③广东省作为城市化进程明显的大城市，如何利用城市公共大屏幕推进这一目标？

清晰型问题有：①城市公共大屏幕在这次公开晒娃活动中，塑造了怎样的亲子场景？②众所周知，城市公共大屏幕最初就是作为户外广告媒体来被使用和关注的，与其他户外广告媒体相比，比如户外大牌，商业楼宇视频、移动公交视频等，它有哪些优势？③城市公共大屏幕与其他媒体形式相比，它在传递信息的有用性和媒体宣传方面有哪些独特的优势，这是否意味着它更有利于发挥媒介场景的功能？

含混型问题有：①如何利用城市公共大屏幕的场景优势，开展城市公共大屏幕与其他媒体的良性竞争，从而实现该行业的可持续性发展？②这次南都摄影记者们以群体形象，集体登上户外LED大屏，对于传统媒体从业者而言，意味着什么改变？

3. 访谈编码分析

深度访谈生成大量的文本性资料之后，研究人员就可以对访谈资料进行系统的整理和分析，从中归纳被调查对象的访谈

第七章 城市公共大屏场景本土案例及其策略

内容，用来描述社会现象、分析社会问题以及反映社会群体的诉求。因此，编码是对访谈资料进行系统整理，得出结论的关键环节。本书的访谈编码是从访谈资料中提炼出与访谈目的相关的关键词，对城市大屏场景设计做出客观的评价，以此来反映城市大屏在现实中遇到的问题和提供可行的解决办法和策略。

本书涉及6个案例，每个案例都包含了6个方面的问题，在进行访谈编码时，笔者按照问题的不同性质、目的和类别，将访谈对象回答的内容进行重新编辑整理，从中提炼出"场景描绘""场景体验""场景功能""场景问题""场景发展"五个核心关键词进行编码。具体归类如下所示：

关键词一：关于场景的描绘

①城市公共大屏幕在这次世界杯足球狂欢活动中，为人们提供了一种怎样的场景？

②如何形容这次"我与大屏有个约会"世界杯活动？请谈谈活动现场的感受。

③如何评价这次城市公共大屏情人节活动？情人节活动现场与周围人的反应如何？

④2015年的"Fun声贺年"大屏幕互动活动较以往场景有什么不同？

⑤这次南方报业LED联播网晒娃活动现场反应如何？

关键词二：关于场景的体验：

①这次城市公共大屏情人节活动对于人们的情感体验有什么特殊意义？

②这次通过大屏幕参与世界杯这一全球重大事件场景,与以往有什么不同体验?

③作为一种城市消费的场景,户外LED大屏幕带来了哪些不同的消费体验?

④城市公共大屏幕在这次公开晒娃活动中对于人们表达传递亲子情感,营造温暖的亲情氛围,带来了哪些新鲜的体验?

关键词三:关于场景的功能

①城市公共大屏幕在这次活动中,扮演了什么角色?它对于人们主动去表达情感,增进情感的交流与沟通,发挥了何种场景功能?

②城市公共大屏对于凝聚城市话题,打造城市生活体验,重塑城市公共空间,发挥了什么重要功能?

③如何看待城市公共大屏幕与城市公共生活场景、市民生活空间的新关系?

④城市公共大屏幕对于我们庆祝传统重大节日,发挥了哪些重要的场景功能?

⑤南方报业LED联播网是南方报业传媒集团"全媒体战略"的重要组成部分,是广东省对外宣传的重要窗口,它在党政工作宣传以及政府形象传播与塑造方面,起到了哪些积极的作用?

⑥城市公共大屏幕一般处于区域的核心地段,拥有广泛的覆盖面、有效的受众触达、优质的受众人群,这是城市公共大屏幕媒体的核心价值所在。这是否意味着城市公共大屏幕将更有利于发挥媒介场景的功能?

⑦城市公共大屏幕作为一种新型数字媒体,在打造互动体验

平台，实现跨媒体、随时随地、线上线下进行城市户外传播方面有何媒介优势？

关键词四：关于场景存在的问题

①南方报业 LED 联播网主要依托作为全国平面媒体翘首的南方报业传媒集团，具有政府资源背景的优势，但同时，相对于那些私营性质的户外媒体经营企业，比如香榭丽传媒、凤凰都市传媒、香榭丽传媒、分众传媒等，它不但需要承担政府公共媒体的功能，而且还要参与户外媒体整个行业的竞争与发展，如何运用"体验营销""事件营销"等场景体验的手段来平衡和兼顾这两方面？

②如何利用场景时代的"体验经济"来争取更大的市场份额，从而更好地实现公共服务的宗旨，这是否关系到宣传部门的全局工作？

③作为传统媒体的摄影记者，虽然为广大受众拍摄了许多震撼人心的画面，但是自己的形象一直都是隐藏在媒体背后，这次南都摄影记者们以群体形象，集体登上户外 LED 大屏，对于传统媒体从业者而言，意味着什么改变？这样的公开亮相是否影响人们对媒体从业者的印象？

④国内外许多城市开始研究如何运用新一代屏幕信息技术来进行户外广告营销创意，比如虚拟现实技术和增强现实技术在户外广告中的运用，就可以为人们提供更为真实的场景体验。我们在这方面还存在哪些差距？主要原因是什么？

关键词五：关于场景的未来发展

①如何看待未来城市公共大屏幕的新功能与意义？尤其是在

场景运用方面，还有哪些可以挖掘的潜力？

②如何利用城市公共大屏幕的场景优势，开展城市公共大屏幕与其他媒体的良性竞争，从而实现该行业的可持续性发展？

③如何看待城市公共大屏幕在场景互动项目上的应用？对未来城市公共大屏幕的场景功能还有哪些期待？

④南方报业 LED 联播网作为本土最大、最有影响力的户外综合信息传播平台，在这方面有哪些新的构想和举措？

⑤广东省作为全国改革开放的最前沿阵地，针对当前国家提出的新型城市化改革方向，如何利用城市公共大屏幕这种新媒介实现这一目标？

⑥在媒介融合的背景之下，传统媒体如何实现与城市大屏幕新媒体的深度融合？

4. 深度访谈部分内容

（1）关于场景描述的问答

采访对象：参与世界杯大屏幕互动活动现场的球迷

问：城市公共大屏幕在这次足球狂欢活动中，为人们提供了一种怎样的场景？

答：原来以为那些广告牌只是在不停放广告，日子久了都不怎么注意它的内容了，这次居然弄了个世界杯活动，确实有点意外，感觉很新鲜，还可以对着大屏幕玩游戏，让人感觉可以直接操纵屏幕的内容一样，有点像在家里看电视一样自由和随心。

问：谈谈活动现场的感受与体验，如何评价这次"我与大屏有个约会"的世界杯活动？

答：参与的人比较多，现场虽然热情比较高，但玩得不过瘾，看着其他人在操作射门，那种蹩脚技术，看得我瞪眼干着急。

采访对象：参与大屏幕晒娃活动现场的一位妈妈

问：您是通过什么方式了解到南方报业 LED 联播网大屏幕这次的晒娃活动？如何参与这一场景的？

答：那时候正好快到儿童节了，我看到朋友圈里有人转了一个 H5，介绍有这样一个活动，我看挺简单的，就参加了，把我家娃娃的艺术照上传给一个微信号，过了些天就发来了我家孩子上大屏的照片，还问我要地址给我寄了小礼品。

问：您觉得通过大屏幕晒娃与采用其他方式，比如微信、微博等社交媒体，有什么不同？

答：大屏多大气啊，影响的人多多啊。她们发来的照片上，北京路步行街的人川流不息，那么多人都看到我家娃的萌照，那感觉肯定和微信微博不一样啊，发在微信上才几个人点赞啊，发多了还招人恨呢。

（2）关于场景体验的问答

采访对象：参与世界杯大屏幕互动活动现场的球迷

问：在公共空间的城市公共大屏幕上观看和参与重大事件活动，与在私人领域（比如在家中）有什么差别吗？感受有哪些不同？

答：在公共空间一大群人热闹，像在酒吧一样，大家一起对着同一个屏幕，看着同一画面，一起欢笑，一起起哄瞎闹，身边的陌生人也突然变得亲近，像朋友一样，这是一个人窝在家里不能比的，快乐还是要有人来互相分享的。

问：您在活动现场的感觉与周围人的反应如何？对于城市公共大屏幕在日常生活场景的应用有什么感受？

答：看到照片上大屏的时候好激动啊，哈哈，感觉到城市公共大屏与日常生活贴近性好强啊！

采访对象：参与大屏幕晒娃活动现场的一位妈妈

问：城市公共大屏幕在这次公开晒娃活动中，塑造了怎样的亲子场景？它对于人们表达和传递亲子情感，营造温暖的亲情氛围，带来了哪些新鲜的体验？

答：这个活动选择了特定的一个时间点——儿童节，选了一个特殊的关系——亲子关系，选了一个特定的媒介——LED大屏，拥有一个特定的区域特点——人流交织，最终生成了特殊的情感——愉悦、温馨，就是这样一个亲子场景。这种体验很特殊，它为亲子情感的输出与传递提供了一个很好的出口，使浓浓的情感得到了有效的表达。

采访对象：见证"以温度，暖人心"大屏现场的南都摄影记者

问：作为《南方都市报》十八周年系列活动的重要组成部分，这次活动的主题是"以温度，暖人心"，当初如何想到用城市公共大屏幕这种场景来做此次宣传活动？它的实际效果如何？

答：城市公共大屏幕比起其他媒体给人的印象力更深刻，让人过目不忘。它的效果还是不错的，公众的反映比较热烈。

（3）关于场景功能的问答

采访对象：主管南方报业的省委宣传部干部

第七章　城市公共大屏场景本土案例及其策略

问：如何看待城市公共大屏幕与城市公共生活场景、市民生活空间的新关系？

答：这种活动可以多搞，政府也应该多多支持，现在在公共区域的人际关系太淡薄了，每个人都是各自低头玩手机，或者自顾自地低头走路，有时候搞搞这种活动，让大家把目光聚在一起感觉也不错。

问：南方报业 LED 联播网是南方报业传媒集团"全媒体战略"的重要组成部分，是广东省对外宣传的重要窗口，它在党政工作宣传以及政府形象传播与塑造方面，起到了哪些积极的作用？

答：一是强化了政府传播功能，提升政策传播的接触率和知晓度，进一步扩大党和政府政策的影响力，树立执政为民的形象；二是拓展了政府传播的平台，通过对现有平台资源整合与共享，在政府形象的传播与塑造上形成立体化的传播格局；三是丰富政府传播的形态，通过图文、音视频等多媒体手段的组合和应用，在政府形象的传播与塑造上形成一体化的传播形态。

问：如何看待城市公共大屏幕与城市公共生活场景、市民生活空间的新关系？城市公共大屏幕在促进城市社会发展、公共文化交流、塑造良好的社会氛围等方面有哪些积极作用，政府打算如何进一步推动该行业的发展？

答：首先场景不是简单的活动空间，而包含了特定的文化价值取向，这种文化价值取向又吸引不同的群体前来进行文化消费。除了社区、建筑、娱乐设施等空间，城市公共大屏幕在一定程度上也具有聚集社会群体的作用，并形成对某一主题活动关注或交流的氛围，如重大新闻事件、体育赛事的现场直播。推动该行业的发展，不能仅仅局限于商业价值的考量，而是要强调其公共服务的功能，通过有目的的议题设置、活动策划，让市民在接受信息、娱乐休闲的同时，形成对某些话题的关注的习惯，进而营造一种线上线下讨论互动的氛围。从政府层面来讲，可以通过公益广告和服务购买等形式来推动该行业的发展。

采访对象：南方报业LED联播网创意部总监

问：如何看待未来城市公共大屏幕的新功能与意义？尤其是在场景运用方面，与其他媒介相比有哪些独特优势？

答：目前所谓的新功能只是嫁接实现的，并为独立实现。独特优势就是其独特的未知和强制的收视。

（4）关于场景问题的问答

采访对象：主管南方报业的省委宣传部干部

问：国外许多城市开始研究如何运用新一代屏幕信息技术来重新审视城市的本质、城市发展目标的定位、城市结构的调整、城市形象与特色等关键问题。广东省作为全国改革开放的最前沿阵地，针对当前国家提出的新型城市化改革方向，如何利用城市公共大屏幕这种新媒介实现这一目标？

答：十八届五中全会提出的"创新、协调、绿色、开放、共享"五大发展理念对于城市公共大屏幕的文化实践提供了很好的思路。创新就是要以媒体融合的观念创新城市公共大屏幕的功能、内容和形态，形成城市公共大屏幕传播的个性和优势；协调就是在发展规模上要注重效益，不要一窝蜂遍地开花。特别是对于重要的场景，政府部门也要从健全城市公共空间的视角介入规划，每一个大屏幕都应有各自的定位和侧重；绿色就是既要注重经济效益，也要兼顾社会效益，突出大屏幕对于营造城市的文化氛围，培育现代公民的作用；开放就是要把城市公共大屏幕建成一个文化传播的开放平台，不是一个广告的载体和内容传播的户外终端；共享就是要让不同社会阶层的市民都可以通过城市公共大屏幕获得信息消费的满意度，并建立起对城市的身份认同感，并自觉的形成对城市形象和发展的良性期待和自主性的参与感。

采访对象：见证"以温度，暖人心"大屏现场的南都摄影记者

问：作为传统媒体的摄影记者，虽然为广大受众拍摄了许多震撼人心的画面，但是自己的形象一直都是隐藏在媒体背后，这次南都摄影记者们以群体形象，集体登上户外 LED 大屏，对于传统媒体从业者而言，意味着什么改变？这样的公开亮相是否影响人们对媒体从业者的印象看法？

答：这次南都摄影记者们以群体形象，集体登上户外 LED 大屏，意味着我们媒体从业者已经从传统纸媒时代的幕后走向了前台，这对我们的新闻理想与精神支柱是极为重要的鼓励。这样的公开亮相可能会影响人们对摄影记者隐藏在镜头后的角色有所质疑，但是从长期来看，人们会越来越接受这种公开的身份，因为公开也意味着公正与公平。

5. 关于场景发展的问答

采访对象：参与大屏幕晒娃活动的一位妈妈

问：如何看待城市公共大屏幕在场景互动项目上的应用？对未来城市公共大屏幕的场景功能还有哪些期待？

答：这种应用是依托科技发展的，我觉得未来的互动形式会更加多样、更有科技感，不仅会传递情感，还可以体现它的艺术性、时效性。

采访对象：主管南方报业的省委宣传部干部

问：南方报业LED联播网主要依托作为全国平面媒体翘首的南方报业传媒集团，具有政府资源背景的优势，但同时，相对于那些私营性质的户外媒体经营企业，比如香榭丽传媒、凤凰都市传媒、分众传媒等，它不但需要承担政府公共媒体的功能，而且还要参与户外媒体整个行业的竞争与发展，如何利用场景时代的"体验经济"来争取更大的市场份额，从而更好地实现公共服务的宗旨，这是否关系到宣传部门的全局工作？

答：从南方报业LED联播网的市场构成来看，既包括以政府为主体的官方市场，也包括市民在内的民间市场，两者都是LED联播网着力拓展的市场空间。面对户外媒体行业的竞争态势，LED联播网一方面要发挥政府资源背景的优势，创新和丰富政府信息传播的形态，着力提高政府的权威性和影响力；另一方面，要提高自身的产品和服务质量，在参与竞争的过程中提高竞争力。

问：如何看待城市公共大屏幕在场景互动项目上的应用？对未来城市公共大屏幕的场景功能还有哪些期待？

答：城市公共大屏幕设施的定位和各种市民组织的不同组合，会形成不同的城市"场景"，这种场景的应用对于营造城市的文化氛围，形成城市的气质非常重要。目前城市公共大屏幕的场景功能还不够丰富，基本上停留在展示功能，缺乏集聚人气、生成话题的效果。建议要强化议题或场景的设置功能，让市民从无意的浏览到有意的关注。另外，突出LED的传播优势，对已有的新闻内容和影像素材进行再加工，增强传播的震撼力和影响力。此外，特别要注重展示场景中所包含的价值，形成具有城市气质的消费景观。

采访对象：见证"以温度，暖人心"大屏现场的南都摄影记者

问：城市公共大屏幕作为一种新型数字媒体，在打造互动体验平台，实现跨媒体、随时随地、线上线下进行城市户外传播方面有何媒介优势？如何利用城市大屏幕真正实现"iOOH 我的户外场景时代"？

答：城市大屏有一种天然的融合的优势，可借助二维码的形式以及社交媒体的平台打通线上媒体与线下媒体，在户外公共空间这个实体平台上实现O2O的场景对接。通过主动传播、分享让传播实现节点之间的无缝衔接，实现"iOOH 我的户外场景时代"。

第三节 研究发现

通过上述田野调查和深度访谈发现,人们对城市公共大屏幕的场景描述、场景体验、场景功能、场景问题和场景发展均有独特的理解和感受,而这些研究资料可以为城市大屏后续的改进和提高提供宝贵的参考意见和实证证据。

关于场景的描述:从采访对象对场景的描述来看,态度普遍都比较满意,涉及的描述词汇有:意外、新鲜、过瘾、大气、便捷等,在所有的采访对象中几乎没有人表示出对城市大屏场景的不满。

关于场景的体验:从采访对象的场景体验来看,普遍持正面态度,涉及的形容词汇有"热闹、亲近、快乐、激动、温暖、愉悦、温馨、特殊、深刻"。在所有采访的对象中几乎没有负面情绪与体验。

关于场景的功能:从采访对象对场景功能的认识来看,谈论到的功能包含这几方面:人际关系沟通、政府有效传播、资源整合与共享,形象的传播与塑造、聚集社会群体、公共服务、文化实践以及娱乐休闲等方面。

关于场景的问题:从采访对象对城市大屏场景反映的问题来看,涉及这样几个方面:屏幕技术问题、创新与协调发展问题、规划问题、经济效益、社会效益、自主参与、传统观念、角色质疑、公平公正等问题。

关于场景的发展：从采访对象对场景未来发展的态度上来看，人们普遍认为目前城市公共大屏幕的场景还不够丰富，基本上停留在展示功能，缺乏集聚人气、生成话题的聚拢效果。

同时，通过上述分析发现南方报业 LED 联播网的场景活动策划一般选择在春夏两季天气晴朗人们的户外活动较多的时候进行，主题一般围绕情感、节庆和商业等经典话题而展开，具体的场景类型包括节日庆祝、重大事件、形象推广和商业营销活动等，活动内容丰富，形式多样，一般会采取微信互动、游戏互动等场景进入手段，然后再根据具体情况的需要选择在广州市、深圳市中心繁华地带播放或珠三角中心城市多城联播。本书还针对南方报业 LED 联播网场景案例中的相关人士进行了深度访谈。访谈发现人们对城市大屏的场景描述普遍较为满意；对城市大屏场景的体验持肯定正面的评价；对城市大屏场景的功能认识较为深刻；对城市大屏场景的问题反映比较多元；对城市大屏场景的未来发展持期待态度。

第四节　城市公共大屏场景策略与建议

为了进一步挖掘城市公共大屏的场景内容，提升城市公共大屏场景的效果，本书在以上案例的分析基础上，针对当今城市大屏幕场景提出了以下策略与建议：

（1）进一步探索大屏幕形式和内容之间的关联与耦合，创造与城市日常生活相渗透的城市大屏幕场景生态；

（2）支持和增进城市公共大屏幕参与创造公共空间的氛围，推动公众参与讨论，力图营造平等交流、理性对话的公共领域；

（3）提升和加强城市公共大屏幕的融合互动传播，强调与参与者和用户的双向沟通和信息反馈；

（4）鼓励平衡发展城市公共大屏幕的商业用途和文化创新等先进内容，以文化生产引领商业经济的创新潮流；

（5）重视和激发城市公共大屏幕创意与专业策划，使城市大屏的专业化生产内容成为展示主流和场景策划的亮点；

（6）支持城市公共大屏幕在关注本地传播问题的同时，促进跨文化和跨地域的交流和连接；

（7）加快和推动城市大屏新媒体行业的技术性创新和原创性内容；

（8）建立政府、行业、企业、城市设计者以及学者相关利益方之间的多元对话和磋商；

（9）提倡城市公共大屏的建筑设计和场景策划，真正做到与城市文化相融合，实现与城市和谐、共生地发展。

此外，未来还需要进一步强化城市大屏的场景议题设置功能，增强传播的震撼力和影响力，创新和丰富政府信息传播的新形态，着力提高政府的权威性和影响力，同时提高传播媒体自身的产品和服务质量，在参与竞争的过程中提高竞争力，形成具有城市气质的消费景观。城市公共大屏未来的发展潜力还有待提升和开掘。

本书主要采用了田野调查法和访谈法，对本土最有代表性的南方报业LED城市大屏进行了案例分析和实证调研，并在此基础上提供了关于城市大屏幕一些基本问题、思路、方法和策略，但是这种研究方法是以主观参与评价为主，仍缺乏一定客观依据，虽然具有重要的参考价值，但是仍有很大的不足。本书曾借鉴以芝加哥大学终身教授克拉克为代表的城市研究新学派有关场景研究的成果，尝试设计了一套基于城市大屏场景效果的评价指标和具体的评价量表，不失为一种研究城市大屏场景的客观路径。这部分内容在本书第六章的城市大屏效果评价一节已经详细表述，此处不再赘述。

结　语

重塑户外新时空

——关于城市公共大屏场景的想象

随着科学的进步与时代的发展，人们的生活方式正在经历一场由媒介技术革新带来的"场景革命"。场景时代是一个既古老而又新颖的概念，它既可以追溯到古典时期人们对感性最初的认识和理论探索，又预示着以大数据、移动设备、社交媒体、传感器和定位系统五大技术力量为支撑的未来社会的前景，因此，它既是一种科技的复合体，也是人类存在的生命状态。它使人们以一种"看得见""记得住""可感知"的方式工作，学习，生活，从而改善我们的家庭、健康、交通、通信、工作、生活和居住等。场景时代的最大特点，就是想方设法用真实的、多样化、立体化、情感化的体验，满足人们当下的需求，从而实现人类感性生存的方式。正如罗伯特·斯考伯和谢尔·伊斯雷尔在《即将到来的场景时代》一书中所描述的："场景时代与以往差异的地方在于，更加符合每个人当时的需求。"因此，场景时代的本质可理解为一个"感知时代"、一个"体验的时代"、一个"以人为中心"的数字人文时代。

　　从人类的传播史来看，每一次传媒艺术的跨越式发展都离不开人类对感性生存的更高追求。传媒艺术发展的历程，从某种程度上来说，其实也是它所经历的场景变迁的历程，它像是一面棱镜，折射出传媒艺术作为人类身心扩展的一种工具，尽量地满足了我们在认识过程中感觉器官的各种要求。如果说，传统媒介的真实性场景是对真实世界的"模仿"；互联网媒体的虚拟性场景是对真实世界的"模拟"；那么，场景时代的虚拟现实性场景则是对真实世界的"创造"，是比"真实更为真实"的审美体验，它将人的想象生活现实化，让受众在虚拟真实的世界中达到自我的建构和完善，并在此过程中获得一种深度的审美体验。可见，传媒艺术从真实场景、虚拟场景到虚拟现实场景的变迁与发展，反映出了人们对由当代媒介技术引发的感性生存体验的更高追求，这构成了传媒艺术发展的一条重要线索，也是研究城市大屏场景的历史与当代语境。

　　城市公共大屏作为一种高度技术化、艺术化的传媒艺术产物，实际上是一种人与机器之间依托技术手段建构的一种"新感性"媒介，它通过"人—数字化—人—机"的场景，强化了人类感性生存方式，在造就当代都市先进、繁华、时尚的表象的同时，更创造了现代都市无法替代的场景体验空间。

　　首先，从城市公共大屏场景的内涵来看：

　　它是以城市大屏为载体，以城市大屏所在的城市公共空间为场所，将媒介内容、城市景观与人们的社交行为与特定心理相融合的现代都市体验现象。换句话说，它是人们在屏幕、空间、媒

结语 重塑户外新时空

介、景观、行为和心理共同作用下与客观环境契合而形成的一种复杂和多元的综合现象,具有相对丰富的、具体的、感性的、生动的、辩证的、连续的、完整的生命体验的特征。它通过物态层面、内容层面和体验层面的作用,形成抽象的符号感和情感信息传递给在场的人群,使人们获得了一种新的感性认识,因此它超越了纯粹客观的物化概念,而是作为文化与价值观的外化符号而影响了个体行为,满足了人们对感性体验的更高层次的追求。

其次,从城市公共大屏场景的功能来看:

1)从社会功能来看,城市公共大屏体现了社会空间的理想形态。在这个人人共享的空间里,各个社会阶层平等而有序的生产和占有空间。城市大屏作为城市空间的组织样态,为城市提供了一种有效的社会调节机制,一个集体思考和社会行为的参照体系,为谋求空间正义的目标提供了宝贵的契机。

2)从文化功能来看,城市公共大屏对城市人群的文化心理产生了潜移默化的影响,是人类文化传播的方式由文本语言向视觉语言的转变的集中体现,表现为一种以影像为中心的新感性主义形态,这不但标志着一种文化形态的转变和形成,而且意味着人类思维范式的一种转换。

3)从传播功能来看,城市公共大屏作为一种数字影像时代全新融合的屏幕实体,融高科技(Technology)、媒体内容(Media)和信息传输三者为一体,是信息科技与媒体产品紧密结合的产物。因此突破了人们对于传统场景模式的想象,成为全媒体时代最具场景体验优势的传播媒介。

再次,从城市公共大屏场景的内容生产和传播来看:

结语 重塑户外新时空

城市公共大屏真正发挥作用还取决于公共屏幕的传播内容与传播主体能否构建起在场人群的交互行为。只有当城市大屏幕提供的场景内容具有某种吸引力，它才能成为空间的主宰。而当城市大屏幕场景内容缺乏某种吸引力，它就退居成为城市可有可无的背景。换言之，一个装置了城市大屏幕的城市空间，被使用的方式呈现出高度的场景内容的生产与传播。

最后，从城市公共大屏场景的美学特征与价值来看：

城市公共大屏是人类情感符号形式的创造；是人类认识自身和世界的过程；是人类建构的虚拟而真实的世界；是在交互体验中创造出来的；是所有审美感官被调动起来的沉浸式体验；是超越日常性生存，追求理想性生存的境界，为我们构筑起一个真实与想象、虚拟与现实、理性与感性并存的审美化的世界。它为人们提供了日常生活的真实空间、社会交往的公共空间以及都市体验的审美空间，体现了场景价值的三重维度，即真（日常的/实践的）、善（公共的/交往的）、美（审美的/想象），给人们带来了都市诗意栖居的审美想象。

总之，通过以上几方面的探讨，本书旨在揭示城市公共大屏场景的意义正在于反映了由当代媒介技术引发的感性及其审美变革。它是伴随着人类对感性生存的追求从低级到高级，从简单到复杂的逐步完善的过程而产生的。它以感性认知为出发点，以感性需要为驱动力，以感性活动为核心内容，以感性世界为追求的一幅现实可感的图景，向我们展现了一个充盈生机的无限可能的感性世界，从而创造出一种自由的、全面的、超越的审美理想世界。

结语 重塑户外新时空

当然，我们还应充分认识到，城市公共大屏作为城市人文景观，需要综合考虑城市公共空间、城市文化特征、市民接受和消费习惯、城市景观设计等要素，避免造成对城市生活的破坏和污染，维护城市生态的和谐统一，真正满足城市大屏幕所营造的关于未来都市人群诗意栖居的想象。

参考文献

一 中文文献

（一）文化类

[1] ［美］罗伯特·斯考伯、谢尔·伊斯雷尔：《即将到来的场景时代》，赵乾坤、周宝曜译，北京联合出版公司2014年版。

[2] ［德］哈贝马斯：《公共领域的结构转型》，曹卫东等译，学林出版社1999年版。

[3] ［美］桑内特：《公共人的衰落》，李继宏译，上海译文出版社2008年版。

[4] ［美］汉娜·阿伦特：《人的条件》，竺乾威等译，上海人民出版社1999年版。

[5] 汪晖、陈燕谷：《文化与公共性》，生活·读书·新知三联书店1998年版。

[6] ［加拿大］查尔斯·泰勒：《公民与国家之间的距离》，李保宗

译，载汪晖、陈燕谷主编《文化与公共性》，生活·读书·新知三联书店1998年版。

[7]［美］文丘里：《建筑的复杂性和矛盾性》，周卜颐译，知识产权出版社2006年版。

[8]［德］海德格尔：《世界图像时代》，孙周兴主编《海德格尔选集》，上海三联书店1996年版。

[9]［法］居伊·德波：《景观社会》，王昭风译，南京大学出版社2006年版。

[10]［英］约翰·伯格：《观看之道》，戴行钺译，广西师范大学出版社2005年版。

[11]周宪：《视觉文化的消费社会学解析》，《社会学研究》2004年第5期。

[12]周宪：《视觉文化的转向》，北京大学出版社2008年版。

[13]孟建：《图像时代：视觉文化传播的理论诠释》，复旦大学出版社2005年版。

[14]［美］尼葛洛庞帝：《数字化生存》，胡泳等译，海南出版社1997年版。

[15]［加］马歇尔·麦克卢汉：《理解媒介》，何道宽译，译林出版社2011年版。

[16]［英］理查德·豪厄尔斯：《视觉文化》，葛红兵等译，广西师范大学出版社2007年版。

[17]［美］尼古拉斯·米尔佐夫：《视觉文化导论》，倪伟译，江苏人民出版社2006年版。

[18]［法］雅克·拉康、让·鲍德里亚：《视觉文化的奇观》，

昊琼编译，中国人民大学出版社 2005 年版。

[19]［法］鲍德里亚：《消费社会》，刘成富、全志钢译，南京大学出版社 2008 年版。

[20]［丹麦］盖尔：《交往与空间》，何人可译，中国建筑工业出版社 2002 年版。

[21]［挪威］舒尔茨：《场所精神——迈向建筑现象学》，施植明译，尚林出版社 1986 年版。

[22]［德］本雅明：《发达资本主义时代的抒情诗人》，张旭东等译，生活·读书·新知三联书店 1989 年版。

[23]［美］大卫·哈维：《希望的空间》，胡大平译，南京大学出版社 2006 年版。

[24]［英］迈克·费瑟斯通：《消费文化与后现代主义》，刘精明译，译林出版社 2000 年版。

[25] 罗钢：《消费文化读本》，中国社会科学出版社 2003 年版。

[26] 黄亚平：《城市空间理论与空间分析》，东南大学出版社 2002 年版。

[27] 夏建中：《城市社会学》，中国人民大学出版社 2010 年版。

[28] 陈立旭：《都市文化与都市精神——中外城市文化比较》，东南大学出版社 2002 年版。

[29]［美］迈克·克朗：《文化地理学》，杨淑华译，南京大学出版社 2003 年版。

[30]［英］查尔斯·兰德利：《创意城市：如何打造都市创意生活圈》，杨幼兰译，清华大学出版社 2009 年版。

[31]［德］瓦尔特·本雅明、苏珊·桑塔格：《上帝的眼睛》，吴

琼译，中国人民大学出版社 2005 年版。

[32] 马克思：《1844 年经济学哲学手稿》，中共中央马克思恩格斯列宁著作编译局编译，人民出版社 2008 年版。

[33] [德] 费尔巴哈：《费尔巴哈哲学著作选集》，荣震华、李金山译，商务印书馆 1984 年版。

[34] [美] 丹尼尔·贝尔：《工业化后社会的来临》，高铦、王宏周、魏章玲译，新华出版社 1997 年版。

[35] [美] 爱德华·W. 索亚：《第三空间——去往洛杉矶和其他真实和想象地方的旅程》，陆扬等译，上海教育出版社 2005 年版。

[36] [美] 马尔库塞：《爱欲与文明》，黄勇等译，上海译文出版社 1987 年版。

[37] [法] 米歇尔·福柯：《不同空间的正文与上下文》，陈志梧译，包亚明主编《后现代性与地理学的政治》，上海教育出版社 2001 年版。

[38] 《马克思恩格斯选集》第 1 卷，人民出版社 1995 年版。

[39] [英] 特里·伊格尔顿：《后现代主义的幻象》，周宪、许钧主编，商务印书馆 2000 年版。

[40] [美] 爱德华·W. 苏贾：《后现代地理学》，王文斌译，商务印书馆 2004 年版。

[41] 李春敏：《大卫·哈维的空间正义思想》，《哲学动态》2012 年第 4 期。

[42] 王新生、宁乐锋：《现代公共领域及其特性——查尔斯·泰勒的公共领域概念评析》，《江海学刊》2008 年第 7 期。

[43] 徐宁、王建国：《基于日常生活维度的城市公共空间研究——以南京老城三个公共空间为例》，《建筑学报》2008年第8期。

[44] 郜书锴：《场景理论的内容框架与困境对策》，《当代传播》2015年第7期。

[45] 吴军、[美] 特里·N. 克拉克：《克拉克场景理论与城市公共政策——芝加哥学派城市研究最新动态》，《社会科学战线》2014年第1期。

[46] 徐晓林、赵铁：《特里·克拉克场景理论：区域发展文化动力的探索及启示》，《国外社会科学》2012年第5期。

（二）艺术类

[1] 胡智锋：《刘俊何谓传媒艺术》，《现代传播》2014年第1期。

[2] 胡智锋：《传媒艺术的历史演进、研究路径及学科回应：一种跨学科的文化视野》，《现代传播》2013年第12期。

[3] 周星：《影视艺术概论》，高等教育出版社2007年版。

[4] 滕守尧：《审美心理描述》，中国社会科学出版社1985年版。

[5] 邬烈炎：《视觉体验》，江苏美术出版社2008年版。

[6] 黄鸣奋：《屏幕美学：从过去到未来》，《学术月刊》2012年第7期。

[7] [美] 鲁道夫·阿恩海姆：《视觉思维》，腾守尧译，四川人民出版社1998年版。

[8] [英] 西蒙·贝尔：《景观的视觉设计要素》，陈莉、申祖烈、王文彤译，中国建筑工业出版社2013年版。

[9] [法] 卡特琳·格鲁：《艺术介入空间》，姚孟吟译，广西师

范大学出版社 2005 年版。

[10] 何小青：《公共艺术与城市空间构建》，中国建筑工业出版社 2013 年版。

[11] 李建盛：《公共艺术与城市文化》，北京大学出版社 2012 年版。

[12] 郭勇健：《艺术原理新论——大众传媒时代的艺术原理》，学林出版社 2008 年版。

[13] ［德］瓦尔特·本雅明：《摄影小史、机械复制时代的艺术作品》，王才勇译，江苏人民出版社 2006 年版。

[14] ［日］卢原义信：《街道的美学》，尹培桐译，华中理工大学出版社 1989 年版。

[15] ［德］鲍姆嘉通：《美学》，简明译，文化艺术出版社 1987 年版。

[16] ［希］柏拉图：《柏拉图全集》第三卷，王晓朝译，人民出版社 2003 年版。

[17] ［希］亚里士多德：《亚里士多德全集》第三卷，苗力田译，中国人民大学出版社 1992 年版。

[18] ［法］孔狄亚克：《感觉论提要》，北京大学哲学系外国哲学史教研室编译，商务印书馆 1963 年版。

[19] 钱钟书：《通感》，生活·读书·新知三联书店 2002 年版。

[20] ［德］黑格尔：《美学第一卷》，朱光潜译，商务印书馆 1996 年版。

[21] 庄志民：《审美心理的奥秘》，上海人民出版社 1983 年版。

[22] 叶朗：《现代美学体系》，北京大学出版社 2004 年版。

[23] ［美］苏珊·朗格：《情感与形式》，刘大基、傅志强、周发祥译，中国社会科学出版社 1986 年版。

[24] ［法］杜夫海纳：《审美经验现象学》，韩树站译，文化艺术出版社 1992 年版。

[25] ［德］海德格尔：《艺术作品的本源》，载《林中路》，孙周兴译，上海译文出版社 2008 年版。

[26] ［法］加斯东·巴什拉：《空间的诗学》，张逸婧译，上海译文出版社 2009 年版。

[27] ［德］海德格尔：《海德格尔论尼采·全集》第 6 卷，孙周兴译，商务印书馆 2002 年版。

[28] 马强：《论电影场景设计的美学风格》，《电影文学》2011 年第 17 期。

[29] 陈一雄：《城市建设不能失去品味和灵魂》，《中国房地产金融》2005 年第 11 期。

[30] 刘世文：《论新媒体艺术的"虚拟沉浸"审美》，《温州大学学报》（社会科学版）2014 年第 7 期。

[31] 翟志恒：《视觉文化的特征对数字媒体艺术的影响》，《艺术品鉴》2015 年第 3 期。

[32] 刘俊：《论传媒艺术的科技性——传媒艺术特征论之一》，《现代传播》2015 年第 1 期。

[33] 赵奎英：《从"存在与时间"到"栖居与空间"——海德格尔后期哲学的空间化转向及其生态美学意义》，《厦门大学学报》（哲学社会科学版）2009 年第 2 期。

[34] 朱立元：《论审美超越》，《文艺研究》2007 年第 4 期。

[35] 王向峰：《马克思〈手稿〉中的美感深化论》，《锦州师范学院学报》（哲学社会科学版）2003年第1期。

[36] ［美］凯文·林奇：《城市意象》，方益萍、何晓军译，华夏出版社2001年版。

（三）传媒类

[1] 胡智锋：《电视受众审美研究》，北京师范大学出版社2010年版。

[2] 陆晔：《户外电子媒介的文化意义与市场前景——以LED大屏幕为例》，《电视研究》2009年第10期。

[3] 苏状：《城市公共屏幕的公共空间建构——兼作国内外户外公共屏幕理论与屏幕实践引介》，《上海交通大学学报》2012年第6期。

[4] ［英］罗杰·西尔弗斯通：《电视与日常生活》，陶庆梅译，江苏人民出版社2004年版。

[5] ［美］凯尔纳：《媒体奇观：当代美国社会文化透视》，史安斌译，清华大学出版社2003年版。

[6] 刘荃：《电视艺术影像思维论》，中国广播电视出版社2011年版。

[7] ［美］约书亚·梅罗维茨：《消失的地域：电子媒介对社会行为的影响》，肖志军译，清华大学出版社2002年版。

[8] ［英］丹尼斯·麦奎尔：《麦奎尔大众传播理论》，崔保国译，清华大学出版社2006年版。

[9] ［美］阿瑟·阿萨·伯杰：《通俗文化、媒介和日常生活中的

叙事》，姚媛译，南京大学出版社2000年版。

［10］［英］大卫·麦克奎恩：《理解电视——电视节目类型的概念与变迁》，苗棣等译，华夏出版社2003年版。

［11］［美］鲁道夫·阿恩海姆：《艺术与视知觉》，滕守尧、朱疆源译，四川人民出版社1998年版。

［12］童芳：《新媒体艺术》，东南大学出版社2006年版。

［13］秦俊香：《影视接受心理》，中国传媒大学出版社2006年版。

［14］朱小丰：《电影美学》，上海文艺出版社2012年版。

［15］纪华强：《广告媒体策划》，复旦大学出版社2003年版。

［16］何洁：《广告视觉与传达》，中国轻工业出版社2003年版。

［17］李思屈：《广告符号学》，四川大学出版社2004年版。

［18］彭兰：《中国新媒体传播学研究前沿》，中国人民大学出版社2010年版。

［19］杜国清：《中国户外媒体发展趋势研究报告》，社会科学文献出版社2008年版。

［20］杨继红：《新媒体生存》，清华大学出版社2008年版。

［21］舒咏平：《新媒体与广告互动传播》，华中科技大学出版社2008年版。

［22］黄升民：《中国数字新媒体发展战略研究》，中国广播电视出版社2008年版。

［23］丁俊杰：《新媒体激变》，中信出版社2008年版。

［24］易观国际：《2010年中国户外电子屏广告市场年度综合报告》，2011年。

［25］［美］约瑟夫·派恩：《体验经济》，夏业良译，机械工业

出版社 2002 年版。

[26] 杜国清、邵华冬：《试析数字户外媒体发展的机会与策略》，《现代传播》2010 年第 9 期。

[27] 邓若伊：《论自媒体传播与公共领域的变动》，《现代传播》2011 年第 4 期。

[28] 汤筠冰：《视觉建构：以申奥片为例的视觉文化传播研究》，南京出版社 2009 年版。

[29] 方玲玲：《媒介空间论》，中国传媒大学出版社 2011 年版。

[30] ［荷］根特城市研究小组：《城市状态：当代大都市的空间、社区和本质》，敬东译，知识产权出版社 2005 年版。

[31] 周莉：《屏幕媒体：一种数字影像的全新融合》，《媒体时代》2011 年第 3 期。

[32] ［德］玛琳·史楚柏：《都市屏幕——公共屏幕在城市带来互动的潜力》，《当代艺术与投资》2011 年第 1 期。

[33] 单波：《寻求多元化认同的媒介空间》，《单波跨文化传播新论》，武汉大学出版社 2005 年版。

[34] 管文虎：《国家形象论》，电子科技大学出版社 1999 年版。

[35] 程曼丽：《大众传播与国家形象塑造》，《国际新闻界》2007 年第 3 期。

[36] 张昆：《国家形象传播》，复旦大学出版社 2005 年版。

[37] 张怡：《虚拟认识论》，学林出版社 2003 年版。

[39] ［美］尼葛洛庞帝：《数字化生存》，胡泳、范海燕译，海南出版社 1997 年版。

[40] 胡智锋：《电视的观念——胡智锋自选集》，北京广播学院出

版社 2004 年版。

[41] 蒋红梅：《"拿地"：户外超大屏媒体生存的关键》，《视听界》2009 年第 1 期。

[42] [美] 迈克尔·海姆：《从界面到网络空间——虚拟实在的形而上学》，金吾伦、刘钢译，上海科技教育出版社 2000 年版。

[43] 陶喜：《论媒介融合在中国的发展趋势》，《中国广告》2007 年第 6 期。

[44] 曾令辉：《网络虚拟社会的形成及其本质探究》，《学校党建与思想教育》2009 年第 4 期。

[45] 赵琛：《清代户外广告》，《中国广告》2003 年第 8 期。

[46] 马美：《古代商业广告琐谈》，《寻根》2005 年第 5 期。

[47] 赵琛：《民国户外广告》（下），《中国广告》2004 年第 11 期。

[48] 陈月华：《传播：从身体的界面到界面的身体》，《自然辩证法研究》2005 年第 3 期。

[49] 孙晓娥：《深度访谈研究方法的实证论析》，《西安交通大学学报》（社会科学版）2012 年第 3 期。

二 英文文献

[1] WALLACE L., *Material Media*: *Artefacts From A Digital Age*, Canberra: Australian National University, 2003.

[2] Lisa Slawter, *Rational Spectacle*: *Debating Global Warming in the*

参考文献

Public sphere on the public screen of an inconvenient Truth, Annual Meeting of the NCA 95th Annual Convention, National Communication Association, Nov. 2009.

[3] Virilio P., *We may be Entering an Electronic Gothic Era*, Architectural Design-Architects in Cyberspace II, 1998.

[4] Virilio P., *The Vision Machine*, London: BFI, 1994.

[5] Virilio P., *Open Sky*, New York: Verso, 1997.

[6] Virilio P., *Lost Dimension*, New York: Semiotexte, 1991.

[7] Virilio P., *The Information Bomb*, New York: Verso, 2000.

[8] Lev Manovich, *The Language of New Media*, the MIT Press, Cambridge, 2001.

[9] Struppek M., *Urban Screens-The Urbane Potential of Public Screens for Interaction*, Intelligent Agent, 2006, 6 (Special Issue 2).

[10] Struppek M, *The Social Potential of Urban Screens*, Visual Communication, 2006, 5 (2).

[11] First Monday, *2006 Special Issue #4: Urban Screens: Discovering the Potential of Outdoor Screens for Urbansociety.*

[12] Jacobs J., *The Death and Life of Great American Cities*, New York: Vintage Books, 1961.

[13] Dayan D, Katz E., *Media Events: the Live Broadcasting of History*, Cambridge, MA: Harvard University Press, 1992.

[14] Manovichl, *The Poeticsof Augmented Space*, 2002. http://www.manovich.net/DOCS/Augmented 2005. doc.

[15] Capucci P L., *Realta del Virale*, //Presentazioni Tecnologiche,

Communicazione, *Arte*, Bologna: Editrice Cluebe, 1993.

[16] Luke T W., *Screens of Power: Ideology, Domination and Resistance*, in Informational Society, 2005.

[17] *The language of new Media*, Massachusetts: The MIT Press, 2002.

[18] *The Virtual Window: from Albertito Microsoft*, Massachusetts: The MIT Press, 2002.

[19] Clark, Terry, *The Theory of Scenes*, Chicago: University of Chicago Press, 2013.

[20] Terry Nichols Clark, *Making Culture into Magic: How Can It Bring Tourists and Residents?* International Review of public Administration, Vol. 12, No. 1, 2007.

[21] Whyte W H., *The Design of Spaces*, Legates R T., Stout F. (eds.), *The City Reader*, Abingdon: Routledge, 2007.

[22] Lynch K., *Good City Form*, Cambridge: MIT Press, 1984.

三 电子资源

[1] 城市屏幕 http://www.urbanscreens.org/.

[2] 城市媒介研究 http://www.interactionfield.de/.

[3] 中国户外媒体网 http://www.cnoutad.cn/.

[4] MirjamStruppek 创立的互动空间网站 http://www.intera.

[5] 中国当代艺术数据库 http://www.artlinkart.com/cn/.

致　　谢

静水流深，时光轮回，一切变幻原是永恒。

读博四载，念念不忘的东西太多。悲喜之情，已无从说起，留待以后的岁月，一个人慢慢咀嚼体味。然而，生命中有些东西，是不能留给日后岁月独自回首的，因为它的分量实在太重，无法不释放，无法不表达。这些东西包含着深深的敬畏、感恩和发自内心的致谢。

——感谢时间的力量

从18岁那年立志考入中国传媒大学，到即将迈出这所梦想学府，跨过了我迄今生命近乎一半的时间。求学途中，各种命运安排，阴差阳错，兜兜转转，这份夙愿在三十而立与四十不惑的年龄，方得以实现。虽然未免有些晚，然而也正逢一个人思想和生活最成熟的阶段，不会像年少时那样信手拈来，轻手放下。在经历了三年考博、四年攻读的七年时光里，我真正懂得了——时间不逝，圆圈不圆。时间是唯一沉淀下来的证明，岁月尽管不停流逝，但生命因此更加圆满。

——感谢书本的力量

致　谢

　　我不是一个善读书的人。从小喜欢文艺的我,觉得读书是一件枯燥而无趣的事情。然而,正是因为这份缺失,当我真正开始读书时,才发现原来美都散发在书本里。开始时是读文学作品,也出版过小说之类的作品;后来开始读美学,朱光潜的《悲剧心理学》《西方美学史》,宗白华的《美学散步》《艺境》,李泽厚的《美的历程》《中国近代思想史》,叶朗的《中国美学史大纲》都是我爱不释手的枕边书。亚里士多德的《诗学》、柏拉图的《文艺对话集》、康德的《判断力批判》、黑格尔的《美学》、席勒的《审美教育书简》、克罗齐的《美学原理》、苏珊·朗格的《情感与形式》等西方美学著作,成为我美学思想的重要源泉。再后来读哲学,尼采的《悲剧的诞生》,休谟的《人性论》,海德格尔的《存在与时间》,福柯的《词与物》《知识考古学》等,更是充盈着思想的力量。这些书本知识的滋养,让我拥有了一个开阔的学术思维和视野,使我在面临博士学位论文全新的研究课题时,能够从中汲取许多宝贵的知识与写作灵感。

——感谢挫折的力量

　　曾经认为自己是一个幸运儿,从小到大,凡想之事,多数都能如愿。事业、爱情、健康、婚姻,这些许多人一生为之努力奋斗的目标,我于不经意间就得到了回报。然而,当我即将走完我的博士生涯时,却迎来了从未有过的挫折。在论文写作最后冲刺的一个月,因为近乎疯狂的投入,我的身心遭遇了有史以来最大的创伤,右手肱骨严重骨折,韧带断裂。我一边抚慰着自己的伤口,另一边在那些深夜无眠的日子,坚持一个字一个字敲打键盘。终于,我带着完成的初稿来到了北京,原以为这一切可以结

致　　谢

束了，但我却被告知将面临最严格的博士学位论文专家匿名审查。那些日子，为了完成论文修改，我每天晚上最后一个离开图书馆，之后又去咖啡馆继续修改，直到凌晨两三点打烊才回宿舍。校园四十七号楼那段小路上，回响着我泣不成声的哭声……后来为了加快打字速度，我把固定肢体的石膏索性也拆了，忍着剧痛，以每日几千字的速度，重新调整结构，完善观点，补充案例，推导逻辑，修改润色。论文改一遍相当于重写一遍，独行在沉默的时光中，需要不断思考保留什么、删去什么，然而我的记忆中就是承受，无休止的承受。以至于论文最后打印成册提交之后，我竟麻木得没有了丝毫的喜悦。回头再看，我要感谢它，挫折其实是一种力量，它能够帮助你认识困难，也帮助你重新认识自己，承受是灵魂最阔的宽度。

——感谢所有人的力量

如果没有他人的成全，我的一切梦想都无法实现。感恩我遇到的所有人，是他们的力量汇聚在一起，改变了我。感谢我的导师、中国传媒大学长江学者胡智锋教授，我从他身上学到的不仅是读书有方、治学有道、守业不废，更感受到他闪光的人格魅力，一位海纳百川、虚怀若谷、雍容大度的学者。他以高瞻远瞩的学术视野，从博士学位论文的开题到写作过程，给予了我全程指导。即便在哈佛访学期间，胡智锋先生也不忘叮嘱我的论文写作思路，直到交稿前的最后一个上午，他仍在一页页字斟句酌、提炼升华。我的博士学位论文能得到专家的一致肯定，与胡智锋先生的帮助无法分开。常言道，"经师易得，人师难求"，而我两者皆获。这份如山般重的师恩，千言万语无法表达。

致 谢

感谢实际帮助过我的老师和同学。博士学位论文开题和中期答辩过程中，中国传媒大学的彭文祥教授、吴辉教授、张子扬教授、杨乘虎教授、张国涛教授、赵曦教授、张政法教授等，为我的论文提出了许多宝贵意见，使我醍醐灌顶，受益良多；北京师范大学周星教授，复旦大学孟建教授、陆晔教授，南京大学苏状教授的学术著作给我的写作带来很多启发；中山大学张志安院长、詹小美教授暨南大学刘涛教授给予了我许多学术指导和鼓励；中国传媒大学杨杰老师、王可越老师、王杰文老师、潘可武老师、宋素丽老师，出版社黄松毅老师，以及同门师兄弟和姐妹，刘俊师兄、杨乘虎师兄、周云师弟、周建新老师、郝娴贞师妹以及巩杰、俞锫、杨继宇等同学，经常与我一起探讨学术，伴我度过了一段难忘的读博时光。

感谢给予我莫大精神鼓励的亲人。攻读博士历时四年，在闭门写作的漫长日子里，作为一个母亲、一位妻子、一个儿女，我舍弃了太多本应承担的责任与义务。我要感谢我的女儿曾思砚，她的出生见证了我博士生涯的开始，她四年的成长，宣告了我博士学业的结束，女儿是我前进中最大的动力与希望；我要感谢我的父母，他们日日夜夜的守护与照顾，毫无怨言的付出，以及虔诚的祈祷，成为支撑我不断前行的拐杖；我要感谢我的先生曾励，在无知懵懂的青春年华里，遇到这个如初见般温暖的男子，给予我宽容和理解是我最大的幸运；我要感谢先生的父母，他们和我共同生活十余载，给我无微不至的关怀和体谅；我要感谢姐姐邹雁，她对我一直以来默默的关心与祝福；我还要感谢先生的姐姐曾丽红，我们是并肩作战、共同成长的

致　　谢

博士姐妹，分享读博过程中所有的痛苦、欢乐和荣耀。

感谢我的硕士导师、作家谭元亨教授，他的厚德仁义，渊博学识，让我感受到如父般的温暖和对师者的敬服；慈善家李国荣先生，他乐善好施，胸怀大爱的人品以及精湛的摄影、绘画艺术造诣成为我的榜样；同时，还要特别感谢我的工作单位——广东财经大学于海峰校长、黄晓波书记；人文与传播学院马持节院长、苏明华书记，给予我的许多支持和帮助。

感谢南方报业传媒集团LED联播网，为我的博士学位论文提供了一手的调查材料和数据。南方报业LED联播网总经理郑君为我的博士学位论文调研专门开展了座谈会和焦点小组访谈；南方报业毕艳红老师多次帮我联系采访和问卷收集，提供了许多宝贵的案例和数据；李鑫老师给我介绍了许多业内实际情况并提供了有参考价值的意见，由于他们的热心参与和帮助，才让我的博士学位论文具有了一定的实践价值与意义。

致谢结尾，我还想感谢这些年的自己。纵然世间风景万千，我仍安守岁月静好。穿梭于时光、书本、挫折与人的变幻之中，我跨过了人生最具里程碑式的一段旅程；博士，不仅仅意味着博学之士，某个领域的专业之士，而且还是拼搏之士，但凡经历了这个特殊历程的人，不管水平高低，都拥有一颗坚韧无比的心，这正是博士群体的精神标识，真正荣光骄人之处！

吴　雁
中国传媒大学明德湖畔
2016年丙申年初夏